亨利·亚当斯的教育

[美] 亨利·亚当斯 著

成墨初 张灿 编译

精典教育

The Education of Henry Adams

Wuhan University Press
武汉大学出版社

总统世家的教育故事和智慧

有一本神秘的书，它讲述的是一个教育故事。通过这个故事，孩子可以体会到教育的真谛，明白自己应该怎样学习，怎样自我教育，也没有任何难题可以难倒他。这本书就是《亨利·亚当斯的教育》。

《亨利·亚当斯的教育》是美国著名的历史学家和文学家亨利·亚当斯以第三人称写成的自传。亨利·亚当斯出生于声名显赫的总统世家，曾祖父约翰·亚当斯及祖父约翰·昆西·亚当斯分别任美国第二任和第六任总统。

亨利·亚当斯毕业于哈佛大学，并在哈佛大学讲授历史课。一生著有多部著作，《亨利·亚当斯的教育》就是其中影响力最大的一部。

《亨利·亚当斯的教育》最初只印了100本，并只在好友圈子中传阅，后来由于影响力太大，故而公开发行。此书自问世以来，一版再版，并被译成多国文字，广为流传，经久不衰，并于1919年获得了普利策奖。

它是一本享誉全球的经典传记，也是一本超高水平的教育经典与历史文化名著。美国的青年要想认识历史，认识社会，阅读《亨利·亚当斯的教育》是最好的选择。

在书中，亨利·亚当斯对一个时代进行了批判性的评价。他不是为了讲述历史而写书，而是为了更好地反思历史。亨利·亚当斯曾明确表示，希望读者把阅读本书当作对历史哲学的思辨。

本书虽然是一本自传，但亨利·亚当斯的目的并不只是想要回顾自己的一生，也不是想要炫耀自己的人生经历，而是想对自己一生的得失做一次反思和总结。

本书浓缩了亨利·亚当斯的一生，但是，他又故意忽视了自己内心深处的痛苦，而把自己对教育的思考展现在读者面前。

在亚当斯看来，他所处的时代是非常活跃的，以至于他都无法用言语来准确形容。但是，他却一直在其中寻找自己想要的统一。

在书中，我们最常看到的一个词就是"教育"。纵观亨利·亚当斯的一生，似乎都在不断地追求新的教育机会，不断寻找机会让自己有所进步。

亨利·亚当斯不是圣人，也曾对社会与人生感到失望。所以，书中有些内容读者可能读着并不舒服，但是这些内容绝不是亨利·亚当斯随意杜撰的，它们源于亚当斯的思考和经历，值得读者花时间仔细阅读。

作为一本与历史相关的教育书籍，或许有人会认为本书不可信。亨利·亚当斯也一直在书中强调，历史永远不能作为最后的定论，他在写作的过程中，尽量做到真实可信。

作为读者，完全可以把这本书作为自己的精神笔记，而不是政治解说或者历史大事年表。更重要的是，要从中发现教育的价值。

很多父母希望孩子了解一些人情世故。读者阅读本书时，可能会感觉到一些淡淡的伤感。这是精于世故造成的一种完全正常的情况，而且也是本书的价值所在，更是父母教育孩子的优秀教材。

亨利·亚当斯在书中提出，教育是无知。这与世俗的教育观念很不一样，但是，却可以让人从中得到很多收获。

《亨利·亚当斯的教育》是一本非常优秀的教育书籍，但在我国发行的版本并不多，翻译也存在很大的问题，使整本书变得晦涩难懂。为了帮助读者更好地掌握《亨利·亚当斯的教育》的精髓，我们特地编译了此书。在尊重原作的基础上，尽可能地使语言通俗易懂，符合国人的阅读习惯。

孩子的未来掌握在父母手中，看优秀的教育书籍可以提高父母的教育水平，也能使孩子获得更好的未来。《亨利·亚当斯的教育》，绝对是最值得父母阅读的教育经典。

目 录

01. 教育，始于孩子的视觉和味觉

1838 年 2 月 16 日，一个可爱的孩子降临到这个世界上，他的舅舅是一名虔诚的牧师，给他取名为亨利·布鲁克斯·亚当斯。

在犹太教堂中，小亚当斯接受了割礼，由于家庭的关系，他注定比一般人特殊，而且他会注定很安稳地度过一生。

在很久以后，小亚当斯才意识到，当时，引领他开创 20 世纪事业的一系列因素，早已偶然地压在了他的肩上。

小亚当斯就像一个生活在 17 或者 18 世纪的孩子，当他一觉醒来，却被要求玩 20 世纪的游戏，这对于他来说是不可想象的。他根本不知道这是什么，也不知道如何进行这些游戏。

别人往他手里塞满扑克，他也不知道如何进行玩耍，他甚至认为这是不可能完成的工作。他不懂得游戏的玩法，也不知道这些游戏的意义，更不了解这个游戏过程中所蕴含的风险。

所以，他不会真正了解这个游戏。在面对这个游戏的时候，他会遇到很多困难。同时，在这个过程中，他可能会失去自己的方向感和自我认知能力。

事实上，这个游戏也是长达 70 年的教育经历，其价值也无法用金钱衡量。虽然不是每个人都能成为甘地或者拿破仑，但也不能否认个人的价值。

就这样，小亚当斯在不断地成长，而在随后的三年里，小亚当斯就像所有动植物一样，简单地成长和发展着，外部世界似乎对他毫无影响。

小亚当斯 3 岁的时候，就开始对色彩有了很强的感知能力。他最

先认识的是黄色，那一天，在厨房的小亚当斯突然发现，地板是黄色的，窗外的阳光也是黄色的。从那以后，他就很喜欢厨房和阳光。

认识颜色，是小亚当斯在 3 岁时最先接受的教育。紧接着，小亚当斯的味觉也发育完全，开始进行味觉的训练和学习。

在这一年的 12 月 3 日，小亚当斯得了猩红热，他病得非常严重，几乎奄奄一息，在父母的照顾之下，终于渐渐恢复了气色。当小亚当斯的身体开始恢复时，他感觉到了饿，想要吃东西。

长大后，小亚当斯几乎忘记了患猩红热的疼痛感，但是，对当时饥饿的感觉却一直记忆犹新。他还记得当时姑妈盘子中的苹果，姑妈就是带着苹果来病房中看他的。

对于孩子最先的认知，很多人认为应该是感觉，尤其是疼痛的感觉。但是，事实告诉我们，孩子最先认识的是颜色，随之印象最深的就是味觉。而不舒服以及疼痛的感觉，是孩子之后才记住的感觉。

所以，孩子在幼年时所经历的困难或者所患的疾病，都会对孩子产生一定的影响。这种影响是我们无法通过自己的认知进行描述的，可能表现在心理上，或者表现在其他方面。

对于小亚当斯来说，他在年幼的时候所患的猩红热，对他的成长具有不可磨灭的影响。无论是身体上还是心理上，都产生了极其重要的意义。

我们从教育这一方面来认知这一问题，最明显的就是，猩红热对小亚当斯身体所造成的影响，使小亚当斯和其他孩子相比，无论是在身高，还是体重上都不如别人。

同时，在性格上也对他产生了很大的影响，他的性格很软弱，对自己也没有任何信心，神经过于敏感，似乎与整个世界都格格不入。

这就是小亚当斯，当他的年龄不断增长的时候，这种弱点表现得更加突出。他对自己的判断缺乏信心，无论做什么决断，都十分优柔寡断，而且没有承担责任的勇气和气魄。

同时，小亚当斯特别喜欢美的事物，对一些丑陋的行为和事物都表现出了憎恨和厌恶。然而，他所厌恶的表现和行为，是每一个英格兰人所特有的品质，并不是某个人的独特行为。

小亚当斯却并不认为猩红热给自己带来了任何改变，他认为自己的一切都和别人是一样的。他也很喜欢现在的自己，认为自己的一切都是正常和健康的。如果你非要说小亚当斯和别的孩子不一样，他更愿意相信是教育的不同造成的差异，而与其他事情没有任何关系。

在这里，很多人都是移民过来的，这里有着浓郁的外乡以及斗争的气息。小亚当斯带着天生具有的英格兰人的个性和防御本能，去看待周围的一切。

和小亚当斯一样，其他孩子也生活在这样的环境中，这个环境中充满了各种各样的快乐与痛苦。在这里，他们也学会了很多东西。

» 【亨利·亚当斯的教育启示】

孩子刚出生时，已经具有了娇弱的视觉和味觉，需要父母精心呵护。

很多新生儿有生理性远视，7岁后才会逐渐发育成熟。所以父母要多带孩子到户外玩耍，不要让孩子长时间做近距离的活动。

而在味觉方面，婴幼儿期是味蕾发育的关键期，3岁以前孩子的味蕾很娇嫩，要多让孩子品尝食物的原味，防止味觉刺激。

02. 如何让不想上学的孩子去上学

　　在大家的印象中，男孩应该是非常顽皮的，他们总是充满活力。有着英格兰血统的孩子，他们比其他孩子的感情要更加细腻，更容易感受到周围的变化和不同。小亚当斯就是这样一个孩子，他十分喜欢夏天，他非常陶醉于夏天的状态。

　　因为，在夏天的时候，万物都具有勃勃生机，并且散发出自身独特的气味。这就是小亚当斯对万物首先产生的嗅觉感知。

　　孩子对自己接触的每一种事物，在闻到它们的气味之后，就会想要尝尝它们的味道。无论是各种食物，还是学习用具，他们都希望知道这些东西有什么味道。

　　同时，对于光线，孩子们也会有不同的感知。在夏天的光线中，孩子们感受到了快乐和绚丽的色彩，这些颜色带给他们的是快乐和幸福。

　　与之形成对比的就是冬天的光线和颜色。当进入冬天之后，万物似乎只有一种颜色，就是白色。所有的一切都失去了生机，只剩下白茫茫的一片。孩子们也只有通过课本，才能了解世界万物。

　　冬天和夏天给人的感觉，是非常不同的，能让人感觉到巨大的差异。在夏天，一切都富有生机和活力，世界也有着七彩绚丽的颜色。可是，到了冬天，无论是生活还是学习，都变得困难万分。

　　夏天可以让我们密切地接触自然，感受自然的神奇与奥秘。但是，在冬天，我们什么也做不了，只能通过课本学习人类已经发现的物种知识。

对于小亚当斯来说，这两种季节对他的成长都具有极其重大的意义，不仅仅是停留在想象层面上。两种季节的反差，也让小亚当斯明白了，生活中的事物都是分两个方面的。

在美国，所有的人都认识小亚当斯的祖父，因为他是美国的总统约翰·昆西·亚当斯。但是，小亚当斯对此并不了解，只知道他是自己的祖父。

小亚当斯仅仅是个孩子，他没有过多的要求和想法，仅仅是想要自己的东西。对于孩子来说，他们可能仅仅只是希望自己能安静地、快活地生活，这就是他们的心愿。

就像小马会对驯服它们的人进行反抗一样，孩子们也会反抗。孩子们和试图驯化他们的人即他们的家人，很难共处同样的环境中。所以，孩子和家人之间，总是处于对立的状态。

可是，在小亚当斯还不到 7 岁的时候，母亲就将他带到了祖父身边，也就是当时的总统身边。对于这段时光，小亚当斯已经遗忘得差不多了。他只记得第一次上学时，自己不愿意去学校的情景。

那天，小亚当斯和自己的母亲发生了激烈的冲突，因为，他不愿意去学校上课，于是，对母亲的命令进行了激烈的反抗。

但是，面对小亚当斯的反抗，母亲却显得十分被动，因为这是在小亚当斯祖父的家里，她没有办法用自己一贯的强硬做法要求小亚当斯必须服从。

小亚当斯也察觉到了母亲的不一样，因为她不像在自己家中那样教训自己。小亚当斯认为，目前她不敢拿自己怎么样，自己即将取得胜利。

但是，就在小亚当斯洋洋得意的时候，事情突然发生了转变。一位老人走了出来，他就是小亚当斯的祖父——昆西·亚当斯。

看着祖父，小亚当斯一动也不敢动，他完全被祖父的气场所震慑。小亚当斯心里很混乱，不知道祖父会怎么教训自己。

但是，祖父什么都没有说，也没有动手打小亚当斯，而是拉着小亚当斯的手往学校的方向走去。当时，小亚当斯没有任何反抗，因为他已经吓得什么都不敢做了。

就这样，小亚当斯来到了学校，开始了第一天的学习。

经过一段时间的相处之后，小亚当斯突然发现，自己之前畏惧的祖父，也并没有那么可怕。他心中的恐惧渐渐消失了，而对自由的渴望，再一次占据了小亚当斯的内心。

小亚当斯幻想着祖父不会送自己到学校，幻想着自己在走到学校之前，就可以偷偷地溜掉。可是，小亚当斯的幻想最终还是破灭了。

随后的日子里，祖父不仅带着他走过了没有树阴的大道，还亲自将他送进了学校，这让他大为错愕，原来自己想错了。当他的思绪恢复正常时，发现自己已经坐在了教室当中。

这就是小亚当斯记忆深刻的上学事件，而通过这件事情，小亚当斯也体会到了祖父的慈爱以及威慑力。

小亚当斯是调皮的，但是他的身上却有一种很好的品德，这种品德更像是源于家族的遗传基因。即使在调皮的时候，也能表现出来。

有一次，小亚当斯悄悄地走进祖父的书房中，将祖父从院子中采摘的桃子拿走，然后，偷偷地吃掉了篮子中的一些桃子。

在吃桃子时，小亚当斯也有所选择，他只吃那些不是很好的桃子，那些非常好的桃子，他全都留给了别人。从这里我们可以发现，小亚当斯是很懂得为别人考虑的。

关于小亚当斯的教育，也并没有什么十分突出的地方。因为，小亚当斯一直在乡下的学校进行学习，这里没有过多的学业和课程，对小亚当斯的学习也没有过多的要求。

所以，除了一些一起上学的小伙伴，除了一些特别有意思的趣事，再也没有别的事情保留在小亚当斯的脑海中。

但是，有一个细节却让小亚当斯印象深刻。那就是每到周末的时候，小亚当斯就会看到另一位总统坐着和祖父聊天。他那光秃秃的后脑勺，让小亚当斯印象深刻。虽然，那个人比自己的祖父年轻许多，但对于亚当斯来说，他始终没有看出他们之间的差异。

　　小亚当斯就在这样的环境中，度过了 10 年宝贵的童年时光。在他 10 岁的时候，发生了一件让人意想不到的大事，这件事改变了小亚当斯。

　　那是一个冬天的早上，当小亚当斯醒来的时候，整个家都乱成了一锅粥。他不知道发生了什么事情，只是不断地从大人们的口中听到"摔倒"以及"瘫痪"等字眼。

　　小亚当斯不知道大家在说谁，但是他知道，一定是某个人发生了某种不幸。后来，他终于知道了，这些人是在说自己的祖父。

　　当小亚当斯再看见自己的祖父时，他正坐在轮椅上，旁边还跟着他的医生朋友。小亚当斯知道自己的祖父瘫痪了，家里之所以这么乱，就是因为祖父出了意外。

　　不久，更加黑暗的一天到来了。那一天，祖父去世了。祖父在国会上摔倒，并最终导致瘫痪的时间并不长，就迎来了死亡。

　　小亚当斯觉得，对于普通的美国民众来说，或许他们最多只是感到有些惊讶，然后就会把这件事情忘记，继续自己的生活。但是，对于他来说，这无疑是重大打击，他的儿童时代也在这个时候画上了句号。

　　这一年，也是需要小亚当斯做出艰难抉择的一年。他不知道该如何选择，他只有选择波士顿。这也是他祖父教他的，他应该去那里，那里充满了抵制与革命，有自由和选择。

» 【亨利·亚当斯的教育启示】

　　不想上学的孩子不知道学习的目的，没有学习的兴趣，不能集中注意力听课或者做作业，倾向于逃学、旷课，严重者甚至对与学习有关的一切东西都深恶痛绝，容易引起身心的疾病。

　　孩子不愿意上学，多是由于学校不良的教育环境和父母失当的教育造成。只要改善这些不良的因素，孩子厌学的行为就会得到很好的控制。

03. 父亲，孩子人生最重要的影响者

生活中的变化是那么突然，也让小亚当斯长大了很多。现在，他所接触的，已经不仅仅是同龄的伙伴，他更应该接触的是世界。

小亚当斯的家庭背景和受到的教育让他对马州大街产生了偏见和反感，也使他表现出了高于同龄人的冷静和坚韧。

就在祖父死后的一段时间，很多反奴隶制人士举行大会，组建了新的党派，并且提名自己的候选人，准备参加总统大选。小亚当斯的父亲，就是这次总统大选的副总统提名人选。

任何一个孩子，在知道自己的父亲将要去竞选总统后，都不会表现出淡定和冷静，小亚当斯却是个例外。

1848年的事情，似乎对小亚当斯产生了很大影响，让他学会了很多。就像是铁烙的印记，深深印在小亚当斯的脑海之中，无法磨灭。

这也导致了任何道德和功利性的东西，都无法让小亚当斯恢复激情。他不需要进行任何激情澎湃的渲染，就可以让自己的心灵沉静下来，让自己沉浸在清教的信仰之中。

小亚当斯这样的状态，还是和家庭教育有关，和外部世界的环境关系甚微。父亲对于小亚当斯的影响和教育，也是最深远的。

在祖父死后，父亲便成了小亚当斯成长道路上的引航人，指引小亚当斯向正确的道路前进和发展。对于小亚当斯来说，父亲的指引也是非常必要和及时的。

父亲对小亚当斯的影响是巨大的，在他的家族中，任何一个人都无法取代父亲在他心目中的地位和意义。即使当父亲已经去世了，小亚当斯还是不停地向别人叙述自己的父亲，诉说着父亲的伟大之处。

　　同时，小亚当斯也很喜欢从一个批判者的角度出发，去对自己的父亲进行观察和研究，无论是兴趣、行为还是心态，都是他的观察对象。

　　在小亚当斯眼中，父亲与家族中其他人的不同之处就在于，父亲拥有不一样的心态。在整个家族中，父亲是拥有最平和、最安静心态的人。

　　这是非常完美的心态，是任何人所无法比拟的，并且随着父亲的年龄增长而变得更加完善，这让小亚当斯十分敬佩。

　　于是，小亚当斯要求自己时刻进行观察并学习父亲的心态和品行。随着时间的不断推移，他也具备了这样的心态和品行，并且可以随时调整自己的心态。

» 【亨利·亚当斯的教育启示】

　　父亲对孩子的成长起着至关重要的作用，其中所包含的不仅仅是对孩子的抚养，更重要的是对孩子性格和心理品质的培养。父亲身上所具备的勇敢、坚强、博大等优秀品质都是孩子所要学习的。

　　所以，父亲要意识到自己在孩子成长过程中的意义，加强和孩子的交流，参与到教育孩子的工作当中。

04. 早一天阅读，早一天成长

　　小亚当斯的父亲所参与的政党，对他的幼年生活也有着极其重大的意义。在小亚当斯 18 岁之前，都是受着这个政党的洗礼和教育。

　　因为父亲的社交圈仅仅停留在自己居住的范围之内，所以与他交往过密的人只有三位。其中，帕尔弗雷博士是对小亚当斯影响最深的一位，小亚当斯非常喜欢与他进行交谈。

　　在小亚当斯 12 岁的时候，他的父亲为他在波士顿的家中安排了一个书房。在这里，小亚当斯可以安心地读书，并且不停地学习拉丁语的语法，以及其他相关知识。父亲希望小亚当斯可以通过这样的学习，掌握更多的知识和技能。

　　同时，与父亲相交甚密的三位先生，也经常出现在这里。他们在这里谈论关于奴隶制以及现在政府的一些行径，他们每次都讨论得热火朝天。同时，父亲已经决定筹办报纸，作为宣传自我思想和意识的主要阵地。

　　父亲的工作是十分繁忙的，在繁忙工作之余，他还在为小亚当斯的曾祖父撰写《著作选》。他还让小亚当斯校对那些自己已经撰写好了的内容。

　　但是，小亚当斯才刚开始学习语法，能力非常有限，根本无法胜任这份工作。结果，引来了父亲对他的谩骂。

　　然而，小亚当斯并没有感到十分生气，他知道这是自己的能力不足导致的。只是小亚当斯不明白，自己的曾祖父为什么要写那些著作，他完全不能理解其中的思想。

　　但是，曾祖父约翰·亚当斯的思维模式和现在辉格党所讨论的问题形式，基本上处于同样的模式状态。

对于小亚当斯，他只可以从自己接近的人身上去了解现在的世界，并且通过他们的认知而进行自我教育。可是，与小亚当斯接近的这些人几乎都已经远离了时代的前沿，他又如何学到东西呢？

小亚当斯就在这样的环境中，吸取了很多的经验教训，也明白了波士顿与马萨诸塞湾一直有它们所订立的方式，就这样发展和变化着，这就是社会。

世界在不断发生变化，可这些变化却没有人告知小亚当斯，他仍然生活在自己的世界中，还在幻想自己将会使世界变得不同，自己也会受到别人的敬仰。

在这样的变化中，小亚当斯也渐渐长大了，但是，让他十分迷惑的是，曾经影响他很长时间的宗教，不知道为什么消失不见了。

在此之前，小亚当斯和家人每周都要去教堂，并且背诵一些诗文。现在他们知道，宗教会迷惑人的心智，甚至认为宗教不是真实存在的。

事实上，直到今天，我们也不可否认宗教具有巨大的力量，可以解决很多我们无法解决的难题，让我们可以获得半刻安静，静静地思考自己的行为。这对人类来说，是仅次于性欲的巨大能力，是可以让我们保持镇定的能力。

可是，生活中已经失去了宗教的影响，我们也没有办法再将其恢复到原来的模样，这也是小亚当斯要思考和研究的问题。

小亚当斯在这样的环境中，渐渐地长大成人，他懂得了很多知识。但是，在他的教育经历中，存在着很多对哲学的批判，对文学和政治的宣扬，这就使教育中出现了偏差和不足。在一般的学校教育中，不会出现这种存在偏见和歧视性的教育。

小亚当斯也经常会窃听大人们的交流和谈话，并且也参与其中，听他们的言论和观点，并会记在自己的心中。

小亚当斯的父亲在教育孩子的过程中，并不喜欢过于严肃，他喜欢用轻松和幽默的态度对孩子进行教育。他常常给孩子们读一些书籍，这些书籍通常是政治学类的书籍，很少会出现其他类型的书籍。

渐渐地，小亚当斯开始了广泛的阅读，只要是自己可以看进去的书籍，他通通进行阅读和翻阅。他只要有时间，就在父亲的书架上寻找自己喜欢的书籍。

但是，在父亲的书架上，基本上都是政治或是历史一类的书籍，很少会有其他类型的。这样，小亚当斯也就渐渐让自己沉浸在历史的长河中，并进行教育和自省。

小亚当斯也读过很多诗歌，但是，多数都是 18 世纪的诗歌。

有一次，父亲想要送给小亚当斯一个礼物，就是华兹华斯诗集。但是，他有一个条件，当小亚当斯接受它以后，就必须将这些诗集读完。小亚当斯想了一下，拒绝了父亲的礼物。

这是非常明智的，因为他根本无法读完这本诗集。和蒲柏等人的诗集相比，华兹华斯的诗集实在很难读。当小亚当斯 30 岁的时候，他才具备了读华兹华斯诗集的能力。

这就是亚当斯家族对孩子所进行的教育，他们希望孩子们可以成才，并用自己的方法对他们进行教育和帮助。他们为孩子们创造自我学习的环境，提供不同文学家或者政治学家的著作，让孩子从中欣赏不同伟人的价值观念。

作为孩子的父亲，亚当斯先生并没有对他们的成长妄加干预，他更愿意让孩子们在自由的状态下生活和学习。同时，他还让孩子们学习法语，练习法语发音，帮助他们学习新的语言。这对孩子的成长来说，是非常有意义的，也让家庭中更具有一种凝聚力。

小亚当斯的兄弟姐妹都是值得我们佩服的人，这些兄弟姐妹都接受着相同的教育，受着相同的洗礼，像是对前人们进行了复制一般。

但是，他们最终都成长为完全不一样的人，并且每一个人都具有一定的领导意识。他们都具有一定的权力意识，都对文学和政治有着极强的感知能力。同时，他们每一个人都有着相似的地方。

这就很容易让我们联想到英格兰下的模式教育，是否这就是我们需要的现代教育模板呢？没有人知道答案。

» 【亨利·亚当斯的教育启示】

书是人类智慧的结晶，是人类进步的阶梯。读书可以明智，读书可以学理。父母要让孩子爱上读书，从而养成阅读的习惯。

阅读不仅可以锻炼孩子的独立思考能力，培养出孩子自我教育的能力，还能开发孩子的智力，发展孩子的综合能力，帮助孩子更全面地看待这个世界。

05. 家庭教育比学校教育更重要

从表面上看，亚当斯家族就是生活在大房子中的一群人，整个家庭环境非常喧闹，也很少有人会阻止这里的喧嚣。

父母很少对孩子的教育和发展进行干涉，而且也没有什么人有足够的能力去影响和干涉孩子的行为，尤其是孩子的母亲，她几乎没有任何能力对这些孩子进行干涉和阻止，她就像是没有能力的蜂王。

家里的一切都需要母亲付出艰辛和努力，但是哪一个孩子都不愿意服从母亲的指令和指导。孩子们有着极强的自我认知和判断力，没有任何人可以改变他们的思想和意识，即使是他们的父亲，有时候也显得十分脆弱。

在那个时代，基本上每一个大的家族，都会有一个十分不争气的孩子出现，这似乎已经成为时代的规则。幸运的是，亚当斯家族中竟然没有这样的人存在。每一个孩子都十分奉公守法，没有任何出格的行为，也都非常优秀。

这让所有的人都震惊和不解，他们不知道，亚当斯家族是怎么对孩子进行教育的，可以让孩子成长得这么好。

小亚当斯也觉得自己十分幸运，竟然成为了一名合格的人，他有时候也会思考一下，想一下这是为什么。

从这一点上，我们也可以看出，家庭对孩子的教育十分重要，并且具有重大的意义。只有正确运用家庭的影响力，才能帮助孩子进步和发展。相反，学校的影响力很多时候却是对孩子不利的。

孩子们对学校的感觉多数都是厌恶或者是痛恨至极的，他们不喜欢进学校，也不喜欢接受学校各项规章制度的约束以及机器般的学习方式。于是，可以不住校进行走读的学生，就成为其他孩子羡慕的对象。

小亚当斯也不喜欢学校，他一直抱怨学校的种种不好，但是，他还是被父母送进了学校。

在学校，老师会经常提出一些硬性要求，让小亚当斯背诵一些他不喜欢的课文或者文章。小亚当斯的记忆力很差，没有办法像其他类似机器的孩子一般，准确地背诵出每一句话。

同时，小亚当斯也不愿意让自己与那些机器一样，时刻争夺那些没有必要的荣誉，那并不是他所想要的。小亚当斯的头脑非常灵光，但是，他需要足够的时间让自己可以表现出这些能力。

可是，学校的老师一直都认为，时间是应该受到限制的。这样，小亚当斯在时间的逼迫之下，就很容易出现错误和失误。

这样一来，小亚当斯对学校的偏见和憎恨也越来越深。他不认为自己应该花6年的时间待在学校，因为这简直是浪费时间。他的思想是不同的，他也想用实际行动表现出自己的不同。

其实，在他以后生活的50年中，只要他掌握四种工具，就可以很好地生活在这个社会中，这四种工具就是法语、德语、数学以及西班牙语。如果他可以熟练地应用这四种工具，他就可以很好地生活在这个世界上，并且还可以很容易学会和掌握新的知识。

有了这四种基础工具，小亚当斯就可以用6个星期的时间，学会在学校要用6年掌握的知识。可是，小亚当斯并不会这些内容，而且就连其中的一项，他都没有学会。

所以，小亚当斯不可能离开学校，也不可能实现自己自由的梦想。我们可以这样想一下，如果小亚当斯留在家里，让他的父亲给他进行辅导，可能会比在学校学习的效果更好。

可能在家中仅仅一个小时的时间，小亚当斯就能学习在学校一天所学的课程。但是，当时的社会对在家自学的孩子，都存在一种鄙视的态度。社会大众都认为，在学校学习的孩子会比在家中学习的孩子更优越，并且学得也更好。

可能，也只有到了很大年龄后，人才知道自己真正需要的是什么。但是，小亚当斯却很早就知道，自己当时所需要的，不仅仅是课本上所学到的这些内容。

像小亚当斯这么大的孩子，提起自己的学校，他们没有任何好的印象，感觉一切都那么糟糕。对于学校的其他方面也是一样，没有一项可以让他们感到满意。

在波士顿的男孩子，没有多少娱乐节目，他们在下课后，会被父母送到各种各样的培训班，有的父母会让孩子去学习游泳和滑冰，有的父母会将孩子送到舞蹈中心练习跳舞。除了培训课程，还会让孩子进行各种各样的比赛，如全球比赛、曲棍球比赛等。

不同的地区，孩子们受教育的内容和学习的内容也都不一样，康德那边会教孩子们一些历史和地理知识，并且让孩子进行野外练习。但是，这在波士顿是不允许的。赛马虽然是人们比较喜欢的运动，但是，碍于跑道比较小，人们没有办法充分施展自己的能力。

孩子们最喜欢的游戏是滑雪，尤其是冬季到来的时候，每一个孩子都很兴奋，期盼自己可以去外面滑雪。虽然，孩子们在这个过程中，学不到什么内容，但是，他们在这个过程中享受到了快乐，这就足够了。

在这个时间，孩子们还是读到了很多对他们人生发展非常有意义的书籍。这个时候，还是有很多书籍面世的。

但是，对于小亚当斯来说，他最幸福的时光，就是小时候在后院中，躺在废旧的国会文件上，享受着午后的阳光，看着喜欢的书籍时。而那个时候，也是小亚当斯学习和感受最多的时候。

» 【亨利·亚当斯的教育启示】

家庭教育是家庭中的父母和其他成年人对未成年人进行的教育，和学校教育相比，家庭教育更注重培养孩子的身心健康，培养孩子各种好的品德和行为习惯。

家庭教育为学校教育打下了基础，决定孩子以后在学校和在社会上的发展。如果没有家庭教育，学校也无法有效发挥教育作用，所以一定要重视对孩子的家庭教育。

06. 不要让暴力成为孩子的痛

在暴力中，小亚当斯所受到的震撼和影响非常大，这也是他接受教育的一部分。

在波士顿有很多恶势力，他们之间会经常进行恶斗，无论是生理上还是心理上，胜利的一方总会得到很多优势。很多男孩子都参加了这些恶势力之间的斗争，小亚当斯也不例外。

可能，大家都知道这种行为是不对的，但是，没有一个人可以抵制住自由和权力的诱惑。虽然，很多人会担心这些行为对孩子产生不好的影响。但是，另一个方面，这又是对孩子进行教育的绝佳机会。

当时，孩子们经常在波士顿的工地上玩耍。最初，他们扮演的角色分别代表南方和北方。但是，随着时代的发展，只剩下北方和一些拉丁族以及其他侵略者之间的战争。

孩子们之间的战争形式，通常是打雪仗，以雪作为攻击武器。但是，有时候，他们会在雪中夹放石子，然后攻击对方。直到对方没有任何可以战斗的人之后，战争才会停止。

有一次，小亚当斯和哥哥一起在工地上进行战斗。但是，战争进行了很长时间，仍然没有分出胜负。于是，小亚当斯就准备叫上哥哥一起回家。

就在这个时候，有一个队伍的首领被雪球砸到了眼睛，流血不止。他们退出了战斗，只剩下一些小的队伍还在进行反抗。

突然，从远处过来了很多人。看到那样大的阵势，很多在战斗的人都溜走了。小亚当斯也想和哥哥一起走，但是，哥哥目标太大，又碍于面子，只能站在原地不动。

小亚当斯战战兢兢地躲在哥哥身后。那些人来到工地以后，只是去追赶逃跑者，反而不敢欺负小亚当斯的哥哥。

这让我们很容易看到，其实这些坏人并不可怕。但是，小亚当斯当时真的被吓坏了，这件事也给他留下了深刻的教训。不知道 10 年后，当这群孩子投入到真正的战场时，还是否记得曾经的战役。

如果在对孩子的教育中加入暴力教育，那么，波士顿就有了自己新的职责，也需要从另一个角度重新审视这个城市。对于暴力，每一个人都知道它的坏处，无论是领导者还是追随者，都是如此。

小亚当斯也知道暴力是不好的，他也不会让自己卷入其中。只不过，他是个小男孩，也希望见证每一场战争的发生。

所以，每当暴乱发生的时候，你都可以在人群中看见小亚当斯的影子，他或许仅仅是想见证一下历史，也或许是想给别人搞一些小的破坏。

同时，这里发生的一切也对小亚当斯产生了巨大的影响，当看见自己的朋友拿着冷冷的兵器，对着手无寸铁的人民，心中也有所触动。看到为了废除奴隶制而做出努力的人们，小亚当斯也深受感动。可他毕竟还是个孩子，我们不可能对他有过多的要求。

» 【亨利·亚当斯的教育启示】

孩子的体内天生具有暴力基因，很多孩子都会对暴力行为怀有崇拜之情。这是对暴力的错误认识，如果孩子也参与其中，就很容易受到伤害。

父母要尽量让孩子远离暴力的环境，教会孩子遇到暴力时如何保护自己，才能让孩子避免受到暴力的伤害。

07. 爱国教育，给孩子一颗爱国心

在小亚当斯的祖父死后，他的祖母也开始变得郁郁寡欢，没有任何活力，对生活也失去了希望。

祖母还是居住在原来和丈夫居住的屋子里，她的身子越来越差，后来也出现了瘫痪的症状，没有办法独立生活。小亚当斯的父亲经常会去看望自己的母亲，并希望给母亲以慰藉。

在1850年的时候，亚当斯先生带上小亚当斯，一起去华盛顿看望他的母亲，也希望通过这次旅行，可以给小亚当斯带来一定的教育和领悟。的确，这次旅行在小亚当斯心目中留下了深刻的印象。

小亚当斯经过长途旅行，终于到了位于华盛顿的祖母家中。旅途并没有给小亚当斯带来很多教育，对小亚当斯产生深远影响的，是之后发生的事情。那些事情，让小亚当斯接受了全面的政治教育。

当小亚当斯到达马兰州的时候，这里的风景瞬间吸引了他的目光。这里的一切都显得十分有秩序，并且非常和谐与安详。电车按照预定的轨道稳稳前行，或是通过乡村街道，或是通过田野、树林，有时候会路过有猪、牛以及黑人的帐篷。

这一点让小亚当斯开始了思考，他想起了南方的猪，对于猪来说，无论有无猪圈，它们似乎没有任何感觉和意识。这件事对小亚当斯产生了深刻的影响，尤其是在以后的发展过程中。

来到这里，小亚当斯很认真地观看着周围的风景。小亚当斯的姑妈也对他说，歇息一会儿，否则就没有新奇的风景可看了。姑妈不明白小亚当斯在看什么，也不知道有什么好看的，这是因为她一直生活在这样的环境中，自然感觉不到新奇。

小亚当斯不可能告诉姑妈答案，因为他自己也不知道，他不明白发生了什么。他已经拉开了奴隶制的一个缝隙，他不愿意继续看下去。因为，这样让他感觉到十分痛苦和恶心。

在华盛顿的日子里，父亲带着小亚当斯来到了国会大楼。无论是当时还是现在，国会大楼一直是向游客开放的，可以随意进去参观和游览。

当时，父亲让小亚当斯站在自己身旁，并将他介绍给了一个在政界非常有名气和威望的人，无论在哪个年代，这都会是一件值得自豪的事情。

对于小亚当斯来说，这是非常重要的时刻，因为这算是他走向政治道路的第一步，也给他留下了深刻的印象。在这个过程中，他没有感觉到害怕和不适，一切都是那么自然和安逸。

随后迈出的第二步来得更加突然。父亲带着小亚当斯来到了总统居住的白宫，带他见了当时的总统约翰·泰勒。

当小亚当斯迈进白宫大门的时候，这一切都让他感到很熟悉，没有丝毫陌生的感觉。因为，他们家毕竟出过两位总统。总统就好像在围场中一般，接待来自各地的客人。小亚当斯对总统没有任何陌生的感觉，一切都是那样的自然。

不管自己的家族是否是名门，恐怕大家都会希望自己的家族能出一位总统，为家族增光添彩。但是，能够真正受人们敬仰和爱戴的总统，也只有乔治·华盛顿。这种尊敬不是虚无的，是人们发自内心对总统表示的敬意。

为了纪念华盛顿，美国民众会去维隆山对总统进行朝拜，有的人还想为总统建碑立像，但是，最后还是没有实现。亚当斯先生带着小亚当斯来到这里对总统进行朝拜，也希望可以对他的成长有所帮助。

在很多英格兰人看来，道路、学校以及社会都是相互关联和影响的。他们也十分关注这些事物之间的关联性，要知道，道路关系着很多事情。

可能，小亚当斯并不了解这些因素。即便如此，道路对人性以及教育的影响，却是客观存在的。奴隶制的存在，和道路的不畅也有很强的关联性。

如果小亚当斯的内心可以接受这种现状，那么，他就可以开心、快乐地成长。如果他不能接受，他可能就会变得消极，并且会把一切都看成灰色，生活也会失去生机。同时，他需要别人不断地提醒，以帮助自己确定人生的方向。如果不这样，他的人生也将就此停止。

对于这一切，小亚当斯并没有反抗，他接受了，并且没有任何疑问地接受了这一切。只有真正可以忽视这些实践中所遇到的小问题的人，才能成为真正伟大的人。

父亲从不用自己的观点和意见去强迫小亚当斯，他会尽可能让小亚当斯自由发展，而不会对他进行限制。

其实，一切问题都会有解决的方法，每一件事情都没有想象的那么麻烦。后来，小亚当斯离开了华盛顿，回到了自己家中。

这次旅行让小亚当斯发生了巨大的变化，他开始学会用政治的思维去认识和接触世界，也开始重新审视自己原来所遇到的问题。

小亚当斯的思想中继承了自己祖父很多的思想，并且具有很多宗教性的思维。这一切并不是教育所能做到的，更多的是靠小亚当斯的感知能力。

在这个过程中，小亚当斯知道自己并不是孤立无援的，他是社会中的一分子。这也是小亚当斯的政治能力初步显现的过程，但是，这还远远不够。

这仅仅是小亚当斯对政治的懵懂期，他知道了一些十分表面的东西，知道这个社会所处的政治环境是非常混乱的，先进的政党是不可能接受现在的领导模式的，这一切都决定着社会必将发生混乱。这种感知到1851年的时候，才真正得以应验。

» 【亨利·亚当斯的教育启示】

　　个人的利益与祖国的利益密切相连，个人的生存与发展依赖于祖国，父母对孩子进行爱国教育，让孩子从小就了解祖国悠久的历史、灿烂的文化及美丽的风光。

　　如果孩子对自己的祖国和家乡没有一点儿情感，不爱自己的故土，也对国家没有感情，那么，孩子不仅不容易有大的发展，还有可能危害社会而发生重大不幸。

08. 让孩子关心天下事

在 1850 年，由亨利·威尔逊等人出面同马萨诸塞州的民主党人进行谈判。这是小亚当斯明白事理以后，所经历的第一次政治事件，这件事也是对小亚当斯进行的政治教育。

谈判的内容是让民主党执掌州政府，让出一个参议院席位给自由国家党，条件是自由国家党要支持民主党的选举。这件事看似给了民主党很多选票支持，但是，自由党才是真正实际利益的获得者，他们获得了实际的支持。

在这个过程中，我们不能判断谁更奸诈或者谁更狡猾，这就是"政治博弈"。这也是父亲给小亚当斯上的真实的政治课程。

在这个过程中，小亚当斯明白了真正的政治。以小亚当斯的为人，他做不到这样，也可能无法接受这样的行为。他对于自己父亲的看法，也是如此。

小亚当斯不认为自己的父亲和他的那些朋友有什么不同之处，因为父亲也接受了这些事情，而他也愿意让小亚当斯在这样的实践中进行洗礼和成长。

可是，对于这件事情，没有人为小亚当斯详细地讲解过，小亚当斯的脑袋中始终遗留着对这些事情的懵懂和迷惑。

小亚当斯在不断地成长，他对一切都充满着兴趣和热情，尤其是选举活动。不论是何种状态下的选举，小亚当斯都会冲上前去，仔细观看活动现场和所有人员的组织工作。

在 1851 年的一天，举行了选举的最后唱票活动，所有的人都在静静地等待着宣布结果的那一刻的到来，小亚当斯也在其中。小亚当斯希望可以听到自己熟悉的名字，果然，萨姆纳获得了选举胜利。

当小亚当斯听到这个名字的时候，飞奔回家，希望可以第一时间将这个消息告诉所有的人。回到家的那一刻，他看见了萨姆纳，很兴奋地将这个消息告诉了他。大家很久都没有见过他们两个人这么兴奋了。

紧接着的一天，小亚当斯去学校上学，他看见街上很多人都在自己的胳膊上戴了黑色的袖章。他知道，这些人都是支持自由国家党的。为了表示对自己朋友萨姆纳的支持，小亚当斯决定戴上代表民主党的白色袖章。

虽然，他很害怕被别人威胁或者逼迫，但他还是鼓起勇气，戴上了白色袖章。后来，过了很长一段时间，他还为自己当时无知的行为感到后怕。

没有一个人会想到，在不久的将来会发生内战。很多人在后来都以为，国家会发生分裂，其他事情也就失去了意义。

小亚当斯也和其他所有孩子一样，开始了自己的政治生活。当时，维隆山大街的胜利，不仅点燃了他们的激情，也在当时社会中产生了巨大反响。可能，除了这些事情，小亚当斯也不知道自己应该去干什么。

或许，小亚当斯就应该从事政治，和他的祖父以及曾祖父一样，进行这样的工作。但是，冷静想一想，小亚当斯又开始迷失自己，因为，他根本不知道自己这么做的原因是什么。他不是为了波士顿人，也不是为了自己想要获取的利益，他的行为显得十分盲目和无措。

小亚当斯应该想一下自己未来发展和前进的方向，想一下自己需要什么以及想从事怎样的工作。他从来就不认为自己应该待在这里，可能华盛顿才是更适合自己的地方。

小亚当斯的教育背景对其成长是非常有帮助的，这使得他在政治和文学上的造诣都非常高。在别人看来，他应该感到幸运和快乐，他得到了所有自己想要的东西。出生在亚当斯这样的家族，是他的幸运。

小亚当斯结束了枯燥的中学生活，他可以进入大学享受自己的自由了。尽管，这个过程是非常坎坷和漫长的。不知道他是否可以找到自己的不足，并且发现自己思想的欠缺。

也只有在几十年以后，小亚当斯进行回忆时，才能感受到这几年的真正意义。

小亚当斯无法使自己的思想接近 20 世纪，因为那里还会存在很多不确定的因素。所以，他现在所掌握的这些知识，无论是哪方面的，虽然可以让他更好地了解之前的历史，但却无法让他对以后将要发生的事情有明确的认知。

因为，不仅是小亚当斯，我们所有人都没有受过有关未来的教育，又如何会对未来的一切拥有自己的认知和观点呢？

» 【亨利·亚当斯的教育启示】

关心天下大事，就是让孩子除了了解本国的国家大事外，还要了解世界大事，并对重要事件有一定的认识。

这能让孩子了解人类的发展走向和自己在世界中所处的地位和需要做出的贡献，有利于培养孩子的责任心，并让孩子萌发自豪感，积极努力地提高自己的各项实力。

09. 学会交朋友，让孩子迈向社会

在 1854 年的某一天，亚当斯结束了在中学的学习，进入了自己梦寐以求的大学，开始崭新的生活。他一个人独自走在波依尔斯顿学校的广场上，环顾着自己曾经上学的地方。他并没有悲伤，反而有一种无法言明的喜悦之情。

亚当斯来到了哈佛学院，开始了自己的大学生活。他知道，自己家族的所有孩子都毕业于这所学校，这所学校在社会上也拥有极高的声誉。所以，他也应该来这所学校学习。

尽管这所学校并没有为他的家族培养出多少伟大人物，但是，无论是出自社会、经济还是政治原因，他也必须来这所学校进行学习。

学生们需要到哈佛学习，但是，他们没有一个人真正将这所学校放在自己的心中，仅仅是因为朋友或家族的原因。

当亚当斯进入这个学院的时候，才发现这里并没有那么伟大，他也没有办法学到更多的东西，尤其是从同学身上。

但是，在学校 1854 年到 1861 年之间的名人册上，却记录着一些非常有名的学生，其间有很多人是小亚当斯的同学。

亚当斯对这些名字并不陌生，因为他几乎认识自己那一届的所有学生。他也对每一个人表现出了钦佩，但是，这些同学也没有对亚当斯的成长起到过任何帮助。

亚当斯还是很开心地开始了自己的大学生活，只要有机会，他就认真学习，充实自己的知识。

也就是在这个时候，他认识了三个弗吉尼亚人，并和他们结下了深厚的友谊。但是，刚开始的时候，亚当斯并不认为自己可以和这些人和睦相处，因为毕竟他们拥有不同的文化体系。

但是，在交往的过程中，他们日渐亲密，并且发展成为十分要好的朋友。这三个弗吉尼亚人中，有一个叫作龙里·李，他的父亲是上校罗伯特·李。另外两个似乎是他的跟随者，他们几乎是形影不离。

在亚当斯认识的人中，还有一个是辛辛那提人，也是小亚当斯第一次接触这个民族的人。

与这些人的交往，是亚当斯与新的民族进行接触的开端。在这个过程里，他了解了很多他曾经不了解也不关心的问题。同时，从他们的身上，他也学到了很多东西。

亚当斯对弗吉尼亚人并不是非常热衷，他也不愿意去思考这类人。但是，与李的友谊却一直非常深厚，就连南北矛盾也没有破坏他们结下的友谊。但在这种情势之下，亚当斯还是感受到了南北方之间的差异性。

北方人是那么犹豫不决，也缺乏自信，但是，在不久的将来会逐渐获得认可。对于南方人，本身的思想意识就处于十分低下的状态，根本不可能扭转这种状态，他们将自己封闭在奴隶制状态之下，根本无法适应社会高速前进的轨迹，这是无法改变的缺陷。

亚当斯也因此联想到了自己和小伙伴。就算是到现在，李与他们的祖先在思想上也没有什么巨大差异。可是，对于亚当斯来说，包括他在内的北方人已经比之前的祖辈优秀很多，这也就可以看出历史发展的趋势。

北方的社会已经发展成了现代型社会，远远将南方抛在后面，这也必定会引起战争的发生。这就是亚当斯和李两个人所担心的事情，可能他们都会去面临死亡。

如果没有这些因素，可能亚当斯和李的关系会更加密切，但是，事实就是如此，我们没有能力改变。

在大学的学习期间，亚当斯和李的成绩都不是非常令人满意，甚至可以说，李的成绩非常差。相比较李，亚当斯的成绩则要好一些。

但是，李已经对学习失去了信心，他也不认为自己可以在学习上取得多么大的成就。于是，他选择从军，并接受将军所给予的职位。

　　由于成绩不佳，李希望亚当斯可以代替他写一封信，表示愿意接受任命。这对亚当斯来说，是极大的荣耀，这也让他感受到自己的宽容和大度，感受到自己的不同，这是对他的一种肯定和认可。

» 【亨利·亚当斯的教育启示】

　　交朋友是一种在社会生活和实践中，通过与人和周围环境的接触、交往、合作，掌握社会规则等，逐步适应社会的技能。

　　孩子要想更好地适应社会，就要学会适应社会的规则和能力。父母要鼓励孩子多交朋友，让孩子学会与他人合作，争取更大资源。

10. 让孩子找到人生的目标

亚当斯在同学身上没有学到多少东西，在老师身上也同样如此。在哈佛学院的这段时间，他几乎是浪费了四年的光阴，没有得到任何有意义的知识。

在这里，他没有得到自己想要的一切，他也不想与别人分享任何教育果实。只想做自己的独一无二，仅仅是一半或者九分之一都不愿意与人分享。

但是，学校教育是不可能实现亚当斯的这种想法的。很多年后，当他回过头来会发现，自己曾经是怎样花时间在研究提高自己的硬性成绩和考试名次上的，这就是自己曾经做过的事情。

亚当斯从希腊话剧中学到的，要远胜于在课堂上所学到的知识。尽管还有一些十分难懂的自由贸易理论，但是，这些理论也十分具有实用价值，远胜于课本上的政治经济学。

这就是亚当斯大学时代的学习过程。虽然他并没有学到一些非常有价值的内容，但是，大学的生活让他成熟了，可以更冷静地面对很多政治问题，不再像年少时那样极端。如果亚当斯可以再进行一些业余活动，可能也会改变自己对文学的态度和认知。

可是，亚当斯更愿意将时间放在书籍的阅读上。通过不断地阅读，他还提高了自己的写作能力。但是，老师似乎并不满意亚当斯的作品，每次给亚当斯的文章打分时，也仅仅是勉强及格。

这或许是因为每一位老师都有自己的评判标准，在老师的心目中，亚当斯还没有达到他所要求的优秀标准。

老师可能认为亚当斯还需要提升和进步，而亚当斯也从来没有对老师的评判有过质疑或者疑问，他认为老师是正确的。

直到亚当斯也成为了一名教授，他才深刻地感受到，老师的所谓优秀标准，是按照自己心中的感觉和学校的规定制定的。一切都遵守学校的标准，这才是正确的标准。

这是亚当斯对学校的认知，他并不愿意将自己长期束缚于此。他希望自己可以自由，也希望自己可以找到前进的方向和正确的道路。外面的世界如此广阔，他也不知道如何进行抉择，更不知道自己的道路在何方。

无论去什么地方，亚当斯都会经过自己的家乡，这并不是他想要发生的事情。这时，一个人的出现改变了亚当斯的窘境，他就是亚当斯的老师詹姆斯·鲁塞尔·洛威尔。

洛威尔给亚当斯指出了一个方向，就是去德国。这个指引也让亚当斯看见了希望之光，让他有了自己的方向和动力。

在当时，德国是所有学者在精神上的向往之地，都希望可以去那里感受灵魂之光。洛威尔也是其中一员，他希望将德国的学术成果引进到美国，并进行宣讲，让所有人都了解当时德国的思想和艺术境界。

亚当斯也是因为洛威尔，才开始对德国有了一定的认知和了解。亚当斯不知道自己的选择是否正确，只知道这是一条道路，是他迷茫中前行的方向。

洛威尔在回国的时候，带回了德国的很多学术专著和成就。他也希望自己的学生可以看到这些书籍，并主动与他进行交流和探讨。

亚当斯就是其中一位，他非常喜欢去老师的书房翻阅这些书籍，并且和老师进行交流。这一切都让亚当斯受益匪浅，也是对他的极大鼓舞和支持。因为，他毕竟是一个学生，可以得到和教授交流的机会，就已经让他感到十分荣耀了。

亚当斯在哈佛期间也仅仅只有 18 岁，对很多事情都处于懵懂的状态。他也不确定自己的道路，也不知道自己应该怎样前进和发展。

亚当斯知道，自己似乎没有什么能力，他也不知道自己的价值在哪里。哈佛对他的影响，也就是在这个时候才开始显现出来。

亚当斯认为，这是哈佛对他人生的重大影响。但是，他自己也不确定，这是哈佛带给他的，还是和哈佛没有任何关系。只知道，这之后，他开始了自己的欧洲之旅，在欧洲游历了 2 年的时间。

在哈佛的 4 年，亚当斯没有得到更多的知识，也没有真正从中学到什么。这是他的观点，也和哈佛本身的教育有关，可能就连院长本人，也未必非常认真地在对学生进行教育。

这里所有的一切，都仅仅是在提供一些看不见、摸不着的社会意义，因为学院的名气而带来的社会影响力。除此之外，没有任何意义，也没有学术上的成就。

» 【亨利·亚当斯的教育启示】

人生目标决定了孩子一生的成长方向，要根据孩子的兴趣、特长来慎重选择。人生目标一定要宏伟、长远，一旦制定就不要轻易变更。孩子越早明确人生目标，就越早收获成功。

孩子总会把特定的兴趣投入到特定的事情上，父母一旦发现孩子的兴趣，就要加强投入，力争把兴趣发展为特长，把特长发展为人生理想。这样一来，孩子肯定会获得更大的进取动力，收获更多的快乐。

11. 让孩子融入群体，不要成为孤家寡人

对于亚当斯来说，他是非常不走运的。按理说，他应该拥有非常强大的社交优势，应该有很多人脉。但是，事实是没有，他没有充足的金钱，没有很高深的思想，他甚至都不确定自己有什么。

亚当斯大学毕业之后，最缺乏的应该就是工作。他需要一个工作，这样就可以利用工作向别人介绍自己。可是，现实摆在眼前，他什么都没有，亚当斯也不知道怎样运用自己的人脉，一切都变得非常困难。

从这里可以感受到，亚当斯并没有很好地发展与大学同学之间的关系。如果他可以像对自己曾经的朋友一样，对待自己的大学同学，也不至于没有一个关系很好的朋友。事实就是，他没有充分利用自己在哈佛的时间，没有和这些同学结下深厚的友谊。

就这样，亚当斯面临的选择空间越来越小，他都不知道自己应该如何进行下一步。如果他可以很早了解这些知识，也许就不会花那么多时间去干一件很短时间就可以完成的事情。可能，现在他就不是这个样子了。

大学在亚当斯的心中，并没有留下良好的印象。对于亚当斯来说，他基本上没有在大学中学到任何有价值的东西，无论是在知识层面上还是交际层面上。毕竟，没有一所大学希望将校园塑造成一个交际场所。

比如说，酒，是交际场合必备的。饮酒虽然会对我们的身体造成极大的危害，但是，如果我们将其看作培养人际关系和交往的一种手段，其本身的价值和意义也就发生了变化。

如果我们要想获得社会认可和工作，就需要通过这样的场合与人交往，并培养人与人之间的关系。这样的教育与课堂上的纯理论教育相比，更具有实践意义和现实价值。

　　如果我们进入一所大学，仅仅是为了自己将来的社交和发展，不仅会使大学本身失去价值和意义，我们自身也得不到任何发展和提升。对我们的下一代，也将是摧毁式的教育。

　　亚当斯自己也清楚自己的状况，知道自己不可能进行研究和发明，也不适合大学。他只希望按照自己内心的意愿行事，做自己想做的事情。他希望可以将自己的思想变成巨作留给后人。于是，他开始了写作。

　　亚当斯最初进行创作时，别人的聆听就是对他最大的支持。但是，没有人真正关心他的问题或者缺陷，也只有亚当斯才会发现自己的不足。

　　亚当斯开始不断进行修改和更正，但同时也发现，自己根本无法实现自己的梦想。他的作品没有任何意义和深度，更加不会被学术上的大家所关注。

　　有的时候，只有拥有雄心才能实现自己的梦想，才能得到自己想要的。

　　也正是亚当斯自身的努力和追求，让他在学期结束的时候，竟然成为雄辩班中课代表的候选人，这对于亚当斯来说是非常大的鼓励和支持。

　　这让亚当斯非常兴奋和吃惊，他很愿意成为课代表。但是，让他吃惊的是，别人竟然会推选他当课代表。因为在哈佛学院，自己是不能够提名自己作为候选人的。同时，自己也不能够对自己或者其他候选人发表任何言论。

　　这一切只能由选民进行表决和提议，每一次辩论的时候，作为候选人的亚当斯都不能出现在会场，这就是游戏的规则。经过长时间的辩论和商议，最终亚当斯竟然击败了自己的竞争对手，成为了雄辩班的课代表。

　　这是亚当斯意想不到的，他也不知道别人为什么会将这样的责任交给自己。因为当选这个代表，就意味着在将来要成为自己班级的代言人，帮助本班同学争取他们的利益。

　　但是，亚当斯的对手非常强大，无论哪一点都远远优于自己，以至于他自己也不知道是如何打败对方的。可能，是自己本身所具有的政治家的潜质，让他成为了最后的胜利者。

在毕业典礼上，亚当斯进行了演讲，可能他都不记得自己曾经说过什么。他毕竟是一个毕业生，还没有经历过大的场面，演讲词也略显生涩。

但是，亚当斯的镇定与冷静却可以让在场的每一个人有着非常深刻的感受。如果真的要问这四年亚当斯培养了怎样的品质，那么，"冷静"应该是最好的回答。

说到在哈佛学院的学习，所有学生都有着同样的感受。他们每天都被迫来到教室中，和熟悉的人在一起练习同样的内容。他们没有什么事情，可能只是需要演一些话剧中的角色。

这可能就是他们平日里最认真练习的内容，做这些是为了台下认真观看的观众。这仅仅是他们大学中的兴趣和业余生活。

或许，他们中间没有任何一个人会愿意将此作为一项工作，他们更可能会选择去议会做报告，也不愿意让自己成为一个戏子。

这所院校教会了每一个学生冷静和沉稳，不会让他们在公开演讲中感觉到恐慌和不自然。这是哈佛教授给学生们的最优秀的品质，而其他一些欧洲院校却没有这种能力，帮助自己的学生培养这种品质。

亚当斯也具备了这样的品质，他可以在任何人面前进行激情澎湃的演讲。到这里，教育并没有结束，一切还在继续，因为还有东西使亚当斯感觉到迷茫和不知所措。

» 【亨利·亚当斯的教育启示】

孩子在群体活动中，可以相互模仿、促进、启发，有利于智力的开发。同时在与他人的交往中，孩子还可以交流感情，体味到乐趣。父母要从孩子幼年起，帮助孩子融入集体。

父母可以通过后天的学习和教育培训来练就孩子的合群能力，多给孩子提供与外界接触的机会，让孩子体会到群体活动的乐趣。

12. 让孩子学习一门外语

亚当斯在父母的眼中是非常胆小的,他也不愿意与父母进行过多的交流。亚当斯的父亲对孩子的教育,也是采取放任的态度,让孩子自由发展。在家人眼里,小亚当斯是一个十分听话,从来不在外面惹是生非的好孩子。

所以,当亚当斯对父母表达了自己想要去德国进修的想法后,父母没有经过任何思考就同意了。

虽然他们也不知道亚当斯要去那里学什么,只知道他想去,他们便无条件支持亚当斯的决定,让他实现自己的梦想。父母将亚当斯送到了火车站,神情中流露出不舍和担忧。

经过漫长的旅途,亚当斯来到了德国。但是,在德国柏林,他开始迷茫了,甚至有些不知所措。他忘记了自己为什么要来这个城市,一切都变得茫然。柏林的一切都让他感觉到迷茫,使他更不知道自己来这里的目的到底是什么。

在刚到柏林的一个星期里,亚当斯的朋友几乎带他游遍了当地所有的娱乐场所。在尽情玩耍之后,他们到柏林大学报到,这时才发现一切并非自己想要的。即便如此,他们还是一起去听了第一节课,一起去买上课所用的教材,准备开始他们新的生活。

亚当斯带着所有的东西,去教室听教授讲民法的第一堂课,这一堂课让他真实地感受到了自己的错误。

亚当斯虽然很开心这些德国的同学帮助自己完成了上课之前的准备工作,但是,上课时,由于语言不通,他发现自己很难理解老师所讲解的德国民法问题。这是他开始求学以来,遇到的最大问题。

在来到柏林大学后，亚当斯才意识到，之前的哈佛的确是非常好的大学，那里有着十分轻松和活跃的学习氛围。但是，柏林大学完全是按照18世纪的教学模式，对学生进行读书式的教育。

　　这是一种非常落后的教学模式，根本就没有把学生作为教育的主体，本来学生可能用一个月的时间就可以读完的内容，学校却要求老师不停地在讲台上讲几个月。

　　这无疑是在浪费学生的时间，但是，学生为了自己的学位证，还必须不停地去教室，听着老师自娱自乐的讲解，自己则在课堂上做着自己的事情。这就是柏林的教学模式，没有任何教育价值和意义。

　　在美国，每一个人都会了解美国的基本法，在了解基本法的基础之上，可以很容易地学习其他相关法律知识，这一切都可以通过自学实现。但是，在德国这些是无法实现的。这也从根本上看出，美国的教育体制要远远优胜于德国。

　　通过第一堂课，亚当斯知道语言问题是自己学习的重大障碍。即使和其他留学生相比，他的德语水平也远远落后了。他非常苦恼，希望可以提升自己的德语水平。就在这个时候，他遇到了萨姆纳先生，这让他看见了希望。

　　萨姆纳先生来到德国，是希望来这里恢复自己的元气，没想到遇见了亚当斯。他们相拥在一起，并一起吃了晚餐，又去听了歌剧。在路上，萨姆纳先生鼓励亚当斯，不要被困难击垮，相信他可以取得胜利，学好德语。

　　但是，亚当斯还是没有办法在很短的时间内学好德语。他向罗伯特先生求救，希望他可以帮助自己渡过难关。

　　这年冬天，罗伯特先生特意从美国来到柏林，并为亚当斯的学习支招。他告诉亚当斯，自己为了学习德语，曾经和一群德国小朋友长期学习生活在一起。

　　于是，亚当斯接受了这样的建议，在罗伯特先生的帮助下，亚当斯进了当地一所中学。这所中学的孩子基本上只有十几岁，亚当斯和他们相处了三个月的时间，德语水平实现了飞速的发展，已经可以和出租车司机进行简单的对话了。

这几个月的时间，对于亚当斯来说，是非常珍贵的学习过程，他没有想到自己会和孩子们一起学习，也没有想到自己会有如此巨大的收获，这些都是之前教育中所不曾有过的收获。

通过学习，在外国人当中，亚当斯的德语水平已经算是比较高的了。他可以与出租车司机进行对话，这是当时评判德语水平好坏的标准。

但是，亚当斯的这种德语水平没能让他进入德国的社交界，因为他毕竟只是初学者，还没有从根本上掌握德国人说话的精髓，也无法打入他们的内部集团之中。

随着对德语的不断练习，亚当斯已经可以很自如地运用德语，在看德语书籍的时候，他也不再有吃力的感觉。一切都已经走上了正轨，他可以进行正常的学习了。

但是，亚当斯还是对教育十分感兴趣，所以，他进入了德国的中学，试图从中学开始继续对教育进行研究。上中学的孩子正好处在十分叛逆的阶段，都希望摆脱束缚式的教育，获得自由的发展空间。

事实再次证明，德国的中学教育也是失败的，但是与之形成鲜明对比的就是，德国一流的音乐水平，许多人为了可以听到这些音乐而专门来到德国。可能就是因为戏剧和啤酒，才使得德国的教育无人重视。

亚当斯在德国的朋友，每一个星期都会一起聚聚，听一些音乐或者喝些啤酒。亚当斯作为其中一员，也会去参加这些聚会，这样就可以和朋友见面了。阿普索普认为亚当斯非常喜欢贝多芬，但是却要装出非常不在乎的样子，让他很不满意。

可是，亚当斯的确对贝多芬的音乐不感兴趣。这就像是对数学不感兴趣的人，是不可能像数学家一样，对数学着迷的。但是，就在这样的过程中，亚当斯突然意识到了一些事情，这些事情甚至比学会一种新的语言还令他兴奋和开心。

这是贝多芬的音乐让他领悟的，处在德国最混乱的地方，伴随着啤酒和烟雾，亚当斯陷入了思考。其实，贝多芬的曲子并没有多么高深的意义，可能就是表达一些很简单的内容，只是我们将这些内容神化了或者夸大了其中的效果。

这是亚当斯在德国进行的教育，这样的教育并没有让他的思想发生巨大的改变，也没有让他对康德或者其他思想家的思想产生一定的感觉。

但是，亚当斯却还是认为自己就是他们思想的信仰者。亚当斯在柏林留学时，他的父亲会经常给他寄一些信件，但是，亚当斯想要去认知世界，不想让自己停留在伤感之中。

在柏林的教育，也使亚当斯明白自己不会再来这里了，这里没有他想要寻找的真正的教育。当朋友提议去图林根的时候，他接受了，他也想离开柏林，去看一些其他地方的景象。

» 【亨利·亚当斯的教育启示】

随着对外经济文化交流越来越频繁，外语的重要性也更为凸显，无论是在职场、社交、贸易、文化交流活动中，外语已经成了一种必要的交流工具。

父母都希望自己的孩子能够有一口流利的外语，从语言学和心理学上来说，儿童时期确实是学习语言的最好时机。此时儿童有极好的记忆力、模仿能力，父母一定要抓住机会帮助孩子打好外语基础。

13. 旅行，开阔孩子眼界的最好方式

在朋友的提议下，亚当斯他们开始了自己的旅行。在旅行的过程中，他们不断欣赏路上的风景，并且也陶醉在其中，路上的一切都是那么美好，也让他们忘记了柏林的一切。

当他们静下来休息的时候，才可以更加真切地感受到自然的伟大。他们在图林根进行了将近一天的徒步旅行，这也让他们疲惫不堪。在晚上，他们在马车夫的帮助下来到了魏玛。

他们不愿意回柏林，但也不知道自己为什么来到那里，他们迷茫了。只是，亚当斯知道，自己必须回柏林，他如果去别的地方，父亲一定会失去耐心。而他又不想回美国，留下来是亚当斯唯一的选择。

当旅途结束后，他们必须回到当时他们来的地方。但是，这里的一切都让他难以忘却，他们也不希望结束这里的一切。亚当斯认为德累斯顿十分有利于他们语言和课程的学习，这让他更不愿意回柏林。

亚当斯认为，自己可以在德累斯顿进行教育研究，并且还可以继续学习德语。于是，他在一户普通人家中租了一间很小的房子，希望在这里进行自己的教育，就像他当时从贝多芬的音乐中得到启示一样。

所有的一切都是发生在一瞬间，没有人意料到它的发生。亚当斯寻找这种教育，是因为他找不到更好的教育方式，不知道应该怎么办。也许是上帝在帮助他，这个时候大家都非常繁忙，没有人关心亚当斯在干什么，这也为他进行教育实践创造了十分有利的条件。

随着自己年龄的不断增长，亚当斯意识到自己应该成熟起来。无论柏林的教育怎么样，他都希望自己可以感到满足，这是他对自己的要求。

在姐姐的极力怂恿下，亚当斯和姐姐来到了意大利。这里的一切是那么的荒凉。没有任何繁华的气息，有的仅仅是战争遗留下的产物。

所有的一切都是那么凄惨，这不是一次偶然的心灵体验，而是真正的心灵震撼。这不是简单的旅程，更像是心灵深处的探索之旅，探索的是人类内心最深处的感想。

当从意大利返回德国后，亚当斯一直在思考自己停留德国的原因，他没有得出任何答案。尤其是在德累斯顿所度过的时光，更加没有任何意义可言。于是，他收拾自己的行囊去了意大利。

就这样，亚当斯按照自己的想法和意愿游学了一年半的时间。但是，他仍然没有得到自己心灵深处想要的东西，也没有找到任何适合自己的职业。就连自己最喜欢的教育事业，在亚当斯看来也没有任何意义和作用。

亚当斯没有放弃自己的探索，他还是按照自己的想法继续前进。但是，这个时候他的思想也仅仅是在旅行，而没有任何思考。

1860年，亚当斯回到了美国。但是，这时的亚当斯也没有任何变化。他没有工作，仅仅只是一个赶路人。

» 【亨利·亚当斯的教育启示】

旅行是开阔眼界的好方法。外出旅行，让孩子暂时离开了自己熟悉的环境，能进行客观的反思，接触各地不同的人文风俗，增长知识。

父母可以和孩子一起去旅行，在看到孩子对某事物感兴趣时，就可以趁机向孩子传授一些知识，并让孩子学会观察。

14. 让孩子独自面对陌生环境

虽然亚当斯已经掌握了很多知识和技能，但是，他却不知道如何走属于自己的路。他将自己的前途寄托在写作上，希望通过写作展示自己的才华。

亚当斯每写完一些东西之后，就会将这些内容寄给自己的哥哥，哥哥会将亚当斯写的这些内容拿到《波士顿信使报》上进行发表，哥哥希望通过这样的方式帮助亚当斯提升他的写作能力。

亚当斯努力使自己的写作水平得到提升和发展，他不愿意在自己的文章中用一些别人都知道的内容和语句，这样文章就没有任何作用和意义。他希望在自己的文章中表达一些很高深的东西，不想让别人觉得自己的水平十分低下，希望别人可以用心欣赏自己所写的内容。

意大利的一切都以罗马为中心，亚当斯也自然会处在意大利的中心位置。亚当斯的父母对法国以及意大利并没有很深的好感，但是，相比之下，他们更厌恶巴黎。

对于意大利，他们并没有很深的认知和感觉。很多人都会说罗马是十分恐怖的，但是，却又抑制不住内心的冲动，想要来到这个城市，这就是罗马的神奇之处。

亚当斯也不知道自己来到这里到底是为了什么，也不知道自己的目的。是为了追随历史学家的足迹吗？不是的，亚当斯仅仅是一个简单的旅行者。

亚当斯并没有什么特定的目的，只是让自己来到这里，感受历史的氛围。可能，亚当斯也在不停地问自己，罗马为什么会是现在这个样子？为什么会走向灭亡？自己又是为什么会来到这里？

这些"为什么"没有人可以解答，尽管他坐在教堂门口，还有乞讨者的陪伴。但是，他必须找出自己的答案，这是一个有自己思想的人应该做到的，而不是默默等待别人给出答案。

亚当斯在罗马可能学到了一些东西，也让自己明白了一些道理。虽然，他自己都不知道自己在干什么。

在一个清晨，亚当斯来到汉密尔顿工作室小歇一会儿时，却看到一个男子慌张地跑了进来。通过一番交流，亚当斯才知道，原来那名男子在骑马的时候，路过砍头台，正好看见那里执行死刑。亲眼看到人的头颅被砍下来，他吓得惊慌失措。

这时，亚当斯也才明白发生了什么事情，这就是罗马帝国的残忍和血腥，没有一点人道主义精神。从罗马历史来看，它们更愿意对自己的民众实行砍头的酷刑。

时间很快流逝了，那件事情也这么过去了。

很快，亚当斯又开始思考自己的人生，思考自己应该如何继续前行，而前行的目的是什么。最后，他告诉自己，自己是在学习和增长知识。

亚当斯决定离开罗马，然后进入下一段的旅程，他要让自己可以继续在偶然中进行学习，以帮助他不断进步。

亚当斯没有任何经济来源，也不愿意让父亲和兄弟成为自己的支柱。他成了一个贫困的流浪者，继续自己的旅途。

» 【亨利·亚当斯的教育启示】

孩子处在陌生的环境中，可能会有一些不适应，也会有一些抵触情绪。但是，孩子迟早要一个人面对陌生的世界，父母要帮助孩子尽早独立面对陌生环境。

父母可以在陌生环境中给孩子做出好的示范，可以多带孩子外出访友、参加集体活动，孩子就会逐渐形成一套应对陌生环境的策略。

15. 告诉孩子：三人行，必有我师

亚当斯一个人进行着自己的旅途，他走到了那不勒斯。就在这里，他听到了一个消息，加里波第要攻打巴勒莫。在听到这个消息之后，亚当斯十分兴奋，他找到了美国大使，希望可以前往战争的发生地。

钱德勒大使很热情地接待了亚当斯，仅仅因为他是亚当斯家族的一员。他安排亚当斯前往战争发生地，并让他充当信使，将信转交给帕尔默上尉。亚当斯欣然接受了这份工作，他坐上车，朝着自己的目的地出发了。

这所有的一切，亚当斯后来都通过信件的方式，告知了《波士顿信使报》。在这个报社应该保有所有的信件原件，可能，报纸并不愿意过多谈论关于教育的问题。但是，如果是问及亚当斯本人，他一定会滔滔不绝地讲解这些教育问题。

亚当斯也十分愿意叙述自己在这个过程中所感受到的教育意义和价值。在亚当斯到达那里的时候，他受到了上尉的热烈欢迎，因为上尉是亚当斯的叔叔的好朋友。上尉带着亚当斯拜见了加里波第，他是一位非常伟大的将军。

晚上，亚当斯和加里波第一起共进了晚餐，这个吃饭的场景就像是一场战争，那么嘈杂和混乱。就在这个时候，加里波第起身来到上尉和亚当斯之间，和他们进行了简单的交谈，这也让亚当斯毕生难忘。

亚当斯对自己能见到这位人物，也感到十分幸运。当他近距离观察这位伟大人物时，一切都变得那么奇妙，似乎总是有很多思想和意识想要迸发出来，但是，又不知道应该说些什么。

每一个人也都希望可以从这些伟大人物身上发现一些秘密，以让

自己得到一定的启发。亚当斯也不例外。

但是，也许是由于胆怯，在面对加里波第时，亚当斯显然显得十分不自然，在这个时候，所说的话没有任何意义，也没有任何独特的观点和见解，仅仅是一些政客都会说的话语。

他并没有从加里波第身上学到很多东西。他没有得到一些有益于自身教育的东西，这也可能是亚当斯自身的问题。

在放下这些思想以后，亚当斯又开始了前行。他一直朝着北方前进，直到来到了法国巴黎。由于语言不通的问题，他遭遇了很多困难。

在亚当斯的内心，有一种排斥巴黎的情感。他反感这里的教育，反感这里的一切，甚至连政府也让他感到厌恶。以至于到了巴黎后，他连最基本的生活用语都不愿意学习，也不愿意进行任何研究。

但最严重的还是，对法国人的想法和思绪，亚当斯永远无法理解，也非常的憎恨。为了说明自己的心声，亚当斯对法国的一切表示出了极度的不满和厌恶。他不愿意待在巴黎，除了这里，他还有很多可以选择的空间和地点。

这是亚当斯内心最坚定的想法，他也不愿意逃避这样的想法。亚当斯认为，自己有权利对法国进行厌恶，一切都不应该对他进行束缚。这里虽然是他不喜欢的，但是，他愿意花费时间去欣赏这些自己非常讨厌的画面。

这听起来让很多人都觉得诧异，但是，亚当斯就是这么一个人。他愿意花时间去欣赏自己非常厌恶的国家。当然，很多美国人也会这样做。在这个时候，亚当斯是非常轻松的，也不存在任何教育观念，纯粹就是娱乐。

在这个过程中，亚当斯也学会了一些日常用语，但是，他并不是为了想要学习或者掌握什么，仅仅是为了日常的生活而已。同时，亚当斯还学会了调酒。

还有其他的很多方面，比如像巴黎的咖啡以及舞台剧，都让亚当斯感觉到非常美好，他也很享受这样的状态。

在巴黎的生活让亚当斯了解了很多事情，也学到了很多知识。他开始有点喜欢这个地方了，也忘记了自己曾经对这里的仇恨。但是，他并没有对这里的一切进行深入认识，仅仅只是接触了巴黎的表皮而已。

在巴黎，亚当斯仅仅待了短暂的三个月，但是这三个月对于亚当斯来说，却是非常有意义的时光。这一次巴黎之旅，仅仅是他在回美国之前为自己安排的短期旅行，也让自己放松一下心情。

亚当斯没有对巴黎进行深入的思考和探讨，他就是来这里消磨自己的时间和金钱，直到一切都结束的时候，他才带着自己的行李踏上回国的归途。

虽然亚当斯经历了漫长的欧洲之旅，但是，他却没有收获任何对自己有意义的内容。

» 【亨利·亚当斯的教育启示】

每个人都有自己的长处和短处，人与人之间应该互相学习，切忌因一时的成就而骄傲自满。父母应该培养孩子谦虚的态度和品德，让孩子时刻能发现自己的不足和他人的长处，努力向他人学习，这样才能使孩子不断进步，迅速成长起来。

是否具有谦虚的态度是孩子能否取得长足发展的关键，只有一个倒空的脑子和心灵才能盛下更多的知识。因此，父母应该从小事做起，努力培养孩子谦虚的习惯。

16. 让孩子学会宽容他人的背叛

当亚当斯回想曾经发生的事情，自己都觉得十分无知。有时候面对一件事情，不知道是命中注定，还是上帝已经做出的抉择。既然上天给亚当斯启示，让亚当斯去学习法学，为什么又在同一时间出现了林肯？这是对他的戏弄，还是他本身就是不幸的？

家人不想对亚当斯有过多的评价和批评。他刚刚从欧洲的战事中抽身回到自己的祖国，结果又陷入另一场战争中。

父亲没有批评亚当斯，只是默默地看着他，没有任何言语。作为一个肯回家的孩子，亚当斯终究会得到家人的宽恕。父亲没有对亚当斯进行言语上的攻击，只是希望他可以当自己的秘书。

亚当斯可以花很长的时间去德国游学，去游历大半个欧洲。他也会用很长的时间看书和学习，这也是亚当斯的独特之处。

为了防止亚当斯继续游荡下去，父亲提出了这样的要求，希望他可以不要再这样玩世不恭下去，可以开始真正的工作和生活。

可是，没过多久，社会就发生了巨大的变化，南北之间的冲突也与日俱增。

在南方，政治家的思想都是非常的古板和不愿变通的，他们也不愿意接受新的观念和思想。萨姆纳先生经常会说，南方人是多么愚昧。

其实，萨姆纳先生不知道，自己就是这样的人。在这些政治家中，亚当斯不知道自己应该学习什么，也不知道自己应该掌握些什么，一切都显得十分无知和愚昧。

尤其是在南方，教育十分闭塞，对孩子的教育和帮助也十分有限。南方人是如此刻板，仅仅是通过棉花以及其他庄园来控制人们的自由，剥夺人们的权利。

这就是南方人所教授的内容。在这样的环境中，除了学到背信弃义的恶习，其他的什么也学不到。作为政治家教给民众的学习内容，这真是很无耻。

亚当斯的父母希望帮助这些南方孩子做一些事情。于是，他们在华盛顿开办了一个教育中心，以帮助这些孩子重新学习和认知。

他们找了一栋很大的房子，并且让亚当斯在这里负责一切，安排孩子的生活和学习。父亲之所以这么安排，因为这个时候，国会没有多少事情，也不需要亚当斯这个私人秘书做什么事情。

亚当斯认为，不应该对南方孩子加以谈论，应该按照英格兰人的标准对他们进行教育，并提供帮助。

此时，美国正进行总统选举。当总统选定之后，就开始了对国务卿的竞选，这时仅仅有两个候选人，分别是萨姆纳和苏亚德，而萨姆纳是亚当斯的朋友。

萨姆纳和苏亚德之间的竞争十分激烈。他们似乎天生就是敌人，应该住在不同的星球上，而不是在同一个地球上。他们存在的目的好像就是为了毁灭另一个人，两人每次一碰面，就会相互揭露彼此的短处，抬高自身的价值。

他们这样做的结果，导致两人的民众支持率都很低。但是，亚当斯并不知道这些，只是想在这两位议员面前表现一下自己，并对他们进行吹捧，他也不会去在意他们在民众心目中的形象。

然而，让亚当斯意想不到的是，萨姆纳和苏亚德因为他的这一做法，而更不愿意和他说话和交流。

最后，苏亚德当选了国务卿。苏亚德从很早的时候开始，就一直追随亚当斯的祖父，所以也一直是亚当斯家族的朋友。

亚当斯对苏亚德充满好感。苏亚德说话十分儒雅，而且十分大度，让人感觉很亲切。同时，他还能很敏感地洞察到现在社会上所发生的一切。

每一次面对不同的问题，苏亚德都可以很从容地面对，而且还可以很好地找到这件事情的解决方法，这些方法是一般人很难想到的，有些时候甚至让人都听不明白。

可是，亚当斯家族在这个时候遭受了打击，在马萨诸塞州，很多人都认为他们是一些政治雇佣客，认为他们是极度虚伪的家族，并且对他们进行批判。

尤其是希尔德雷斯，他公开对亚当斯家族进行批判，并说他们是不讲仁义的家族，这对于亚当斯家族来说是重大打击。

但是，亚当斯家族已经是羽翼丰满的家族，并不害怕这些攻击。亚当斯家族中的每一个人，都要有足够的耐力和毅力，才能挺过每一个风波。他们也有足够的实力，向公众证明一切。

但是，所有的人都应该知道，家族利益也可能会关系到国家利益，需要时刻将二者紧密联系在一起，这也是亚当斯家族中的每一个成员都关注和担心的问题。亚当斯的曾祖父以及祖父，还有自己的父亲都是无一例外地沿着这样的道路前进的。

在当时，就连幼儿园的孩子也都会有自己的想法和观点，也会注意到这些行为。但是，亚当斯却不屑去思考。他对这些感到厌恶，也不想去洞察别人的内心世界。

亚当斯只想按照自己的想法去做事，也不愿意看别人的脸色。但是，每一件事情的发生都会使人们产生不同的反应。

萨姆纳和苏亚德之间的事情，给亚当斯造成了极大的影响。国务卿的竞选关系到他们两个人的利益，当一个人失败之后，他最本质的嘴脸便会显示出来，这也让亚当斯看到了人类真实的面目。

此时，亚当斯需要别人的帮助和求解。但是，在亚当斯的朋友中，只有萨姆纳能给他提供答案，并且帮助他成长。

但是，事实上并非如此，亚当斯曾经为了能够和萨姆纳进行交流，放弃了很多机会和时间，就是想听取这样一位长者兼朋友的意见和建议。但是，在选举之后，一切都发生了改变。

苏亚德成为选举的胜利者，亚当斯的任务就是听从父亲和苏亚德先生的命令，他没有任何选择，这就是他的工作。可是，萨姆纳却从此不再和他接触，也不再和亚当斯家族接触，他开始在各种场合公开谴责亚当斯家族的行径。

这一切都是亚当斯没有意料到的事情，他不知道事情会演变成这个样子，也不知道自己的忘年交，在未来的某一天竟然和自己以及自己的家族绝交。

但是，在亚当斯看来，他们之间没有任何事情发生，他还是希望可以和萨姆纳恢复原来的关系。但是，一切都已经不可能发生了。这件事情给他的触动很深，他也明白了政治就是交易，他不喜欢这些内容。

这些表面上衣着光鲜的政治家，每一个人都是为了自己的目的和意图，才进行交流和发展的，他们之间不存在真挚的友情。

这一次对亚当斯来说，可以说是重大打击，曾经李的背叛都没有这一次的伤害严重。亚当斯被伤得很痛，并且伤得非常之深。

在会议结束之后，亚当斯也没有什么工作需要去做。于是，他和父母一起回到了波士顿。在那里，他回到了律师事务所，开始了自己与法官之间的工作，他的一天天就在法律文件之中重复着。

如果，他之前可以在自己的教育事业上做出一些成绩，他也不会坐在办公室，看这些法律文件。

» 【亨利·亚当斯的教育启示】

宽容是一种良好的品德，更是一种处世的智慧。宽容别人就是宽容自己，斤斤计较的孩子往往都被烦恼所困扰，不懂得体谅和理解，难以获得真正的快乐，难以享受愉悦的人生。

只有具有宽容的品质，孩子才能更加主动地去接触那些新鲜的事物，才能主动站在他人的立场去思考问题，尊重他人的价值观和他人独特的个性，更可能抓住成功的机遇，成就一番事业。

17. 任何时候保护自己都是最重要的

这个时候，亚当斯的父亲被林肯总统任命为英国公使，但是其接受任命的条件之一，就是希望可以让亚当斯做自己的私人助理。

于是，亚当斯又开始了自己的工作，他没有任何疑问，只是默默地收拾自己的衣服。他和一般的公务员不一样，他只是简单的随从，跟随自己的父亲做事。

亚当斯不会像其他人一样，虎视眈眈地看着他的领导，并且希望找到领导的缺点，然后将他们拉下所在的位置。

亚当斯不会这样对自己的父亲，他也知道父亲得到这样的任命和苏亚德有着密不可分的关系。但是，他并不知道在这个过程中，萨姆纳竟然会公然反对。

像萨姆纳这样的人，肯定会准备十分充足的材料，对他的反对进行论证。其中一个理由，就是亚当斯没有任何经验和能力，甚至连一个普通的工作人员都不如。同时，他也认为自己才是最适合充当这个职务的人选。

事实上，亚当斯的父亲是因为同意放弃国会中的席位，才会被任命为驻英国公使。这对亚当斯家族来说，也是最残酷的决断。

亚当斯这个时候内心更多的是感动，感谢父亲为自己所做的一切。对于萨姆纳，他不知道究竟应该怎样看待，他本可以帮助亚当斯找到一份合适的工作。但是，他什么也没有做。

可是，灾难就这样来临了，降临在亚当斯这一代人身上。四年的战争带来的是痛苦。每天都会有军队从亚当斯的面前经过，他也会去部队看望哥哥。这个时候，亚当斯准备前往英国。

亚当斯要和自己的父亲一起，为祖国开展外交活动。但是，亚当斯没有让英国人胆怯的智慧与谋略，连身高都不足以有威慑力。

因此，亚当斯和父亲必须让自己变得强大，才能应对瞬息万变的国际环境。在船上，还有另外一名公使，他是要前往俄罗斯的，苏亚德也希望通过这次出使，可以更好地了解他的才能。可是，又有多少人愿意在这样的活动中吸取教训呢？对于现在的政府，又有多少人对其表示满意，并愿意为它付出一切呢？

在这样的旅途中，亚当斯必须学会沉默，学会不发表自己的任何意见，这也是成长和接受教育的过程。在船上的时间，让亚当斯学会了很多东西，也了解了很多内容。在下船的那一刻，亚当斯也一下子变得稳重了。

1861 年 5 月，亚当斯和父亲来到了利物浦，来不及休息，就马上前往伦敦。

同样是在这个时候，亚当斯听到另一个消息，大英帝国公开承认美国国内南部地区的独立国家身份，认同其交战国地位。

这对于亚当斯来说，是灭顶之灾，相当于将他之前所接受的教育全部进行了否定。亚当斯也不知道，为什么会出现这样的局面。

幸运的是，亚当斯仅仅是短时间的意识不清，他会从这样的状态中清醒过来的。可是，对于父亲来说，这绝对是外交上的失败，不仅给他带来了致命的打击，也给亚当斯家族带来了致命的打击。

这是一次彻底的失败，也不可能再有任何一次失败比这次更严重。亚当斯不知道自己可以做什么，他只能沉默不语，这或许就是他唯一可以做到的。

这次外交活动，应该是属于亚当斯的，而不应该是他父亲的。这次外交旅程的意义对于亚当斯来说，意义更加重大。

然而，父亲的心思主要是在战争上，他的地位也会由于北方的战败而动摇。但是，亚当斯却生活在完全孤立的状态中，为了帮助父亲才来到英国。可是，在这里他得不到任何满足，也没有人和他交流，他是如此的孤独。

同时，因为公使的地位，他们也不可能融入当地的社交圈中，所以他们在英国非常孤独。在亚当斯看来，他的职责就是和父亲一起，时刻陪伴在他的左右，无论父亲要去哪里。同时，他也要时刻关注父亲的情况，并给他提供帮助。

尽管在英国的那段时间，亚当斯并没有给父亲多少真正意义上的帮助，如果像管家一样的服务，我们也可以称之为帮助的话。

时间一天一天地过去，但是，亚当斯在英国还是没有任何朋友。只要一有时间，他就会看书和杂志，关心一下祖国的状况。

虽然亚当斯一直是自己父亲的秘书，但是，他并不是一个合格的秘书。他的思想从来没有放在任何公事上，总是想着自己应该怎么生活，怎样让自己感觉到更加快乐和幸福。

亚当斯一直在犯着同样的错误，他从来没有发现自己在这方面的过失和不足，也一直认为自己的工作即将结束。

亚当斯是一个身份自由的人，并不是美国政府的公务员。他一直和国内的传媒保持联系，尤其是《纽约时报》。他经常会写一些信件，然后在报纸上面发表。同时，还有其他几家报社，亚当斯也会不时给它们一些消息，都是非常小的消息，不至于爆发混乱。

但是，亚当斯关心的内容实在太多了，他有一次对曼彻斯特进行访问，并对当时曼彻斯特发生的灾难进行了长篇论述，还在国内的报纸上用自己的真实名字进行发表，这给亚当斯带来了巨大的灾难。

当时，这篇文章在英国引起了极大反响，《伦敦时报》头版对这篇文章进行了批判，这对于当时的亚当斯来说，是非常大的打击。但是，庆幸的是，英国人并不知道亚当斯是美国驻英国使团的成员，这也使人们降低了对他的关注度。

这件事让亚当斯开始反思，思考自己到底适不适合写文章，后来，亚当斯得出了结论，他认为自己不应该再给报社写文章了。

但是过了一段时间，亚当斯似乎明白，他可以用匿名的方式在报纸上继续刊登文章，这样就不会再为自己招惹不必要的麻烦。

亚当斯还是过于年轻，他或许不应该在杂志和报纸上放过多的心思。或许他不应该对一件事情过分热衷，因为这样容易导致失败或者挫折。经历过这件事情之后，亚当斯对《伦敦时报》没有了任何好感，甚至有了一些恨意。

这件事情也随着时间的推移而被人们所淡忘，亚当斯还是继续做着枯燥的秘书工作。每天，他都要对文件进行整理、编排，还会做一些抄写的烦琐工作。

在闲余时间里，亚当斯会拿起国内的报纸，看一下国内发生的大事，多数都在论述国务卿的手段残忍以及总统没有任何作为。而这样的评论，几乎每天都能在国内的报纸上看见。

时间在一天天流逝，亚当斯并没有因时间的推移而发生很大的变化。也只有这么一件事情，让亚当斯觉得自己欠下了别人的人情，并一直记忆犹新。

亚当斯十分喜欢到鲁塞尔·斯特吉斯夫人家中做客，这里让他感受到温暖，让他可以忘却自己工作上的烦恼。在这里，他可以从斯特吉斯夫人身上，感受到不同的教育，并学会了很多东西。

亚当斯很感激鲁塞尔·斯特吉斯夫人，也很感谢他们一家。在孤独异国，为他提供了爱和温暖。这是亚当斯永远难以忘怀的经历。

但是，一切又回到现实之中。亚当斯也明白了，一切政治集团中所包含的现实社会性。每一个人都是因为共同的政治目标，才会彼此形成联盟。

在一次晚宴聚餐上，亚当斯和约翰·斯图亚特·米尔发生了争执，他们对一件事情产生了分歧。

亚当斯告诉米尔，美国具有特色保护主义，并且让米尔相信这一观点。但是，米尔却不认同这样的观点，二者因此发生了不愉快。

亚当斯需要为自己的年轻付出代价，他必须学会忍耐，学会尊重别人的观点。

» 【亨利·亚当斯的教育启示】

　　自我保护，讲的是一个人在特定的环境下，突然遭遇了对自身不利的一面而自己能够立即采取一定措施，从而化解不利，转危为安的积极能力。这种能力的培养，在孩子的自身建设中尤为重要。但要想"对症下药"，就要从根源入手。

　　作为父母，必须知道学会自我保护对孩子的重要性，以及刻不容缓性。这样才能从根本上帮助孩子学会自我保护，从而在学习、生活、社会中立于不败之地。

18. 努力做好自己，总是不会错的

　　每当亚当斯回想 1862 年，他都觉得十分恐惧和害怕。这对于亚当斯是灰色的一年，也是十分无助的一年。他非常痛恨英国政府对自己所做的一切，甚至想让英国彻底消失，可见，英国政府已经让亚当斯无法忍受。

　　鲁塞尔勋爵对于亚当斯的父亲十分没有礼貌，这也让亚当斯非常气愤。但是，即使亚当斯对鲁塞尔勋爵的行为进行批判，也没有任何意义。种种事件，也让公使馆陷入了危机之中。

　　这些都由亚当斯的父亲一个人默默承受了，幸运的是，父亲有朋友可以分担。然而，亚当斯似乎就没有父亲这么幸运，他的朋友很少，而且大多都已经投身到了战争之中；还有许多敌人，已经在帕马尔上。

　　后来，亚当斯再也坐不住了，他想要离开英国，回到自己的国家。他彻夜失眠，并希望将自己的决定告诉父母。母亲并不关心亚当斯做出了什么决定，只是担心他的身体状况。

　　父亲也没有对亚当斯的话语做出任何表态，他似乎已经对这类话产生了免疫力，也不愿意相信亚当斯的话。

　　而在国内生活的哥哥，也并不愿意让亚当斯回到美国。当时，美国到处都在发生战乱，亚当斯回来并不安全。而且，他更希望弟弟可以留在父母身边照顾他们。

　　亚当斯开始犹豫了。他一腔热血想要回国参军，但是，又不愿意让自己的父母如此孤独地留在英国，如果这样做，他肯定无法原谅自己。

　　父亲的意见直接关系到亚当斯的去留问题，父亲没有同意亚当斯回国，而是承诺他，等到明年，大家一起回去。

亚当斯又回到了自己的岗位上，并开始工作。只是，他开始承担更多的工作，虽然这些工作不属于他的工作范畴。但是，亚当斯希望可以做这些事情，也希望帮自己的父亲分担更多的事情。他不觉得累，这似乎已经成为他生活的一部分，他最希望战争可以早日结束。

社会中，人们总会有自己的朋友和敌人，来维持自己的社会地位。然而，公使是不可能与当地政府抗衡的。亚当斯的父亲已经做得非常不错了，各方面的行为也十分到位，英国社会没有对他进行过公开的批评和指责。

外交是两国关系的缓冲地带，任何外交人员都应该注意自己的礼仪和行为。亚当斯不是外交人员，没有得到相应的保护。但是，亚当斯在这里受到的款待要好于在国内的时候，这也让他感觉到了自己的地位。

亚当斯在公使馆的地位基本上是最低级别的，但是，他也愿意继续待在这里，毕竟这里是一个遮风避雨的场所。

有一次，亚当斯去参加一个聚会，照例要在门口写上自己的名字，当亚当斯写好名字以后，门童大声喊道："汉德鲁·哈当斯先生"，这让亚当斯非常诧异，难道这个门童不认字吗？

亚当斯告诉那个人，名字念错了，谁知道那个人又高声念了一遍，仍然是错的。没有办法，亚当斯只能接受，这让他哭笑不得。

在1862年的一个下午，亚当斯和父亲回到了公使馆。这个时候，他们看到父亲的桌子上放着一张字条，明确写明帕麦斯顿生气了。

这件事情十分严重，可以说对整个美国都会产生极其重大影响，也是美国外交史上的重要一笔。事情是由于鲁塞尔勋爵的管家在美国买了一个女仆，由于对林肯政府十分不满意，这件事情被闹得满城风雨。

父亲必须很好地解决这件事情，否则，必然引起政治上的巨大波动。不过，很快，这件事情就被平息下去了，可能与鲁塞尔勋爵的权力有关系。

但是，亚当斯并没有仔细研究这件事情，如果当时他可以仔细研究这件事情，必定会使他的政治素养得到进一步提高。

» **【亨利·亚当斯的教育启示】**

　　绝大多数人的智力都相差无几。之所以有人能出人头地，有人一生碌碌无为，勤奋与努力起着决定性作用。

　　勤奋是孩子能够成材的保证，是孩子走向成功的钥匙，也是第一推动力。作为父母，应该努力培养孩子的勤奋品质，同时对孩子的努力给予最热情的支持和鼓励。

19. 与他人自然相处，不要装腔作势

这是1862年的一天，这一天让亚当斯十分开心，因为自从他来到伦敦以来，终于受到了真正意义上的邀请。在伦敦，亚当斯没有多少亲密的朋友，也没有真正的敌人，他的生活一直平淡无奇。

蒙克顿·米尔尼斯可以算是亚当斯的朋友，邀请也正是他发出的。他邀请亚当斯一起去弗里斯顿旅行，这让亚当斯非常开心。

亚当斯欣然接受了米尔尼斯的邀请，一起踏上了乡村之旅的路途。可能大家都认为乡村之旅根本不会有什么新意，还是那些亘古不变的内容。但是，米尔尼斯可以在大家都认为不会有新意的情况下，创造出让所有人都为之惊喜的新意。

他们经过长途跋涉来到了弗里斯顿，这里和一般的农村没有什么差异，所有的房子都是一样的，风景也没有什么特色，一切都没有任何新意，反而让人感觉到一丝凄凉。

除了这些自然风光给人的感觉外，带给大家最大触动的要属亚当斯脸上的平静。亚当斯几乎没有任何言语和交流，仅仅是别人的聆听者，让让所有人都诧异。但是，没有人去深究，也许他们正缺少这样一位倾听者。

他们在一间屋子前停住了脚步，这就是他们休息的地方。晚宴开始之前，他们开始向对方互述自己的人生经历。到了晚宴的后期，米尔尼斯将史文朋推到了前方，让他为大家朗诵诗歌。

这让亚当斯获得了意外收获，因为，他从来没有想到他一直寻找的教育困境，竟然在这里找到了。这让他感到十分诧异和惊奇，也对史文朋深表钦佩。

当然，史文朋的朗诵和博学，也让其他人都大为惊讶。随着朗诵的深入，史文朋越来越放松，朗诵也越来越到位。所有的人都在认真倾听，感受艺术所带来的魅力。

在那个年代，无论怎么样，是不会被允许在卧室或者晚宴上抽烟的，因为这样做会被认为是不文明的。但是，米尔尼斯根本不受这些礼仪的束缚，他允许大家在想抽烟的时候，可以随意抽。

大家一直在这里听着史文朋的朗诵或者讲述，史文朋的讲话艺术让所有人都赞叹不已。在当时，学术界中公认的拥有最高讲话艺术的，莫过于伏尔泰先生。而史文朋的讲话艺术在亚当斯看来，是可以与伏尔泰媲美的。

亚当斯在领教了史文朋的才能以后，十分愿意和他进行交流，也希望从交谈中可以学到更多的知识。史文朋给亚当斯出了一个关于雨果的问题，这正好是亚当斯的软肋。

雨果是法国非常有名的诗人，想要了解雨果的诗集，不仅要具有非凡的诗词才能，还需要有很强的语言功底。很明显，亚当斯没有这样的能力，为了不显示自己的无知，亚当斯表示，自己的兴趣点更多地在阿尔弗雷德·德穆塞身上。

只要对文学稍微有点了解的人，都会知道德穆塞只是空有虚名，本身并没有那么大的才华。可是，对于亚当斯来说，如果自己可以有德穆塞甚至是雨果一半的才能，他都会兴奋地欢呼起来，就好像是已经得到了世界。

于是，史文朋继续对亚当斯进行提问，他想听一下亚当斯对沃尔特·萨瓦基·兰道尔的认识，这是史文朋十分喜欢的一位大家。就像喜欢雨果一样，他也喜欢兰道尔的语言叙述方式。兰道尔的言语充满了魅力，让史文朋非常钦佩和欣赏。

但是，亚当斯同样对兰道尔一无所知，也对他没有任何看法。他没有办法伪装，只能告诉史文朋，自己对雨果和兰道尔都非常厌恶，也不喜欢他们的诗歌。一个连雨果和兰道尔都无法欣赏的人，我们可以看出他有多么失败。

对亚当斯这样的评价是正确的，也是符合现实的，他的确是这样的人。没有任何人在故意贬低亚当斯，这是真实发生的情况。

亚当斯也感觉到，自己和史文朋不是一个层次的人，也没有办法到达史文朋那样的学问高度。甚至可以说，即使亚当斯用尽自己一生的努力，都未必可以到达史文朋现在的学问程度，这是亚当斯对自己的认知。

有时候，亚当斯也会想，自己身上真的一点优点也没有？难道就没有一项技能拿出来证明自己的能力吗？如果真的有，亚当斯一定会拿它来换取别人的尊重。

可见，亚当斯当时还是没有真正明白人生的含义，因为即使他有技能，也不能因此获得别人真正的尊重。或许在法国，人们可能会因为他的可怜而表现出一些爱意，但是，在英国绝对不会发生这样的情况。

米尔尼斯当然知道雨果和兰道尔，但是，如果让他评价这两个人物，无疑是给了他一个比登天还难的任务。米尔尼斯没有办法从自己的脑海里区分出两者的不同。

旅程结束以后，他们回到了伦敦。一到伦敦，亚当斯就马上跑到书店，去买史文朋推荐给他的书籍——《罗萨曼德女王》。

亚当斯希望这本书如史文朋评价的一样好，如果真是那样，亚当斯会更加崇敬史文朋。虽然这样的敬意对史文朋没有任何意义。

每个人都回到了自己的家中，亚当斯还是一如既往地感到孤独。按照米尔尼斯的观点，伦敦的季节就是在失去朋友和获得新的朋友之间不停循环，这就是生活的规律。

自从旅行回来后，大家就很少见面了，也没有过多的交集和了解，直到米尔尼斯再一次邀请所有人参加一个晚宴，大家才再一次见面。

只是，自从这次晚宴结束以后，亚当斯就再也没有见过史文朋。当时，史文朋在英国已经非常有名气了，而亚当斯与他的关系还是停留在原来的状态中。

在所有人当中，奥利芬应该是和亚当斯接触最频繁的一个人，其他人与亚当斯的交往都非常有限。

随后，亚当斯还去了弗里顿，并对那里的一切进行了记录。同时，米尔尼斯也希望并且推荐亚当斯进入圣詹姆斯俱乐部，这对于亚当斯来说是极大的鼓励和支持。所有的一切都代表亚当斯在进步，在成长。

» 【亨利·亚当斯的教育启示】

孩子与人相处要做到真诚，以事实为依据，不会为了满足个人的私欲就满口谎言，也不会任由自己的性子，做一些对别人不利的事情。

孩子天生都是真诚的，来到世间被不当的环境和居心不良的人诱导，使孩子在与人交往的时候装腔作势。父母要帮孩子保持天生的纯真美好，消除后天不良的影响，做个真诚的人。

20. 让孩子认清政治和政客的真相

亚当斯一直不是国家公职人员，身份也十分尴尬。当莫兰升职后，苏亚德曾经问亚当斯的父亲，是否愿意让亚当斯接受莫兰之前的职位。这是亚当斯人生中唯一的一份国家公职人员的工作，如果他愿意接受这份工作的话。

作为秘书，亚当斯需要做很多事情。不仅仅是工作上的事情，还有很多是生活中的事情。在工作过程中，亚当斯就像是父亲的附庸品，会随着父亲进入各种场合和聚会。但是，当他一个人去参加私人聚会的时候，他就是一个没有任何社会地位的普通人。

刚开始，亚当斯在思想上无法接受自己的这种状态。但是，随着时间的推移，亚当斯意识到这种身份和地位也有一定的好处。

在没有地位的情况下，亚当斯接受了不同人给他带来的教育，无论是有益的教育，还是有害的教育，都让亚当斯更清醒地认识了这个世界。

苏亚德也开始认识到，海外的外交工作需要得到本国政府的大力支持。于是，他将自己所有重要的美国朋友都尽可能地分派到世界各地，担任使节工作。

来到英国使馆的这些人，多少都与政府有些关系，并且都有自己的能力。亚当斯在这里也见到了许多这样的人，无论是谁，他们都在专心做自己的工作。

这里面有三个人是要帮助亚当斯父亲工作的，其中一个人是特罗·韦德。他是一个非常幽默的人，他的工作就是亚当斯之前想要接触的工作——新闻媒体。

　　不可否认，韦德十分优秀，他具有很强的政治能力以及工作耐心。正是因为韦德的出现，使亚当斯内心激发出了一种自信。无论做什么事情，信心都是非常重要的，作为公使秘书也不例外。

　　亚当斯对韦德已经到了崇拜的地步，他时刻跟随在韦德身后，甚至有些盲从，这都显示出了他对韦德的极强认同。

　　亚当斯很喜欢听韦德讲述自己的经历，有一次，韦德给亚当斯讲诉了自己曾经经历过的政治事件，亚当斯听得惊心动魄。但是，韦德的描述却是那样的轻松与幽默。

　　亚当斯很想知道，在韦德的心目中，有没有值得信任的政治活动家。于是，他向韦德发问了。韦德没有回答亚当斯的问题，只是告诉他，不应该想这个问题。

　　可能亚当斯真是太年轻了，才会对韦德进行这样的发问，也可能是韦德不想打破年轻政治家的梦想，希望亚当斯可以充满激情地面对以后的生活。

　　当亚当斯真正成熟之后，他才明白韦德的意思，政治中缺乏人性，政治更像是一种游戏，看谁可以玩到最后。然而，年轻人还不具备玩这场游戏的经验和能力，只能成为看客。

　　在游戏的过程中，要充分知道每一张牌的价值和意义，才能很好地利用，最终走向成功。亚当斯知道自己根本不具备这样的头脑，也没有能力玩转政治技巧。

　　但是，亚当斯还是非常钦佩很多政治高手，他们可以将自己伪装起来，不露声色，还可以隐藏自己的抱负和真实感想，这些都不是一般人可以做到的。

　　亚当斯知道自己不可能成为伟大的政治家，自己的思想和意识也经常受到父亲的影响。他也承认自己有时候不诚实，经常会让父亲为自己担心。这一次的事件，让亚当斯学到了很多。

　　无论是英国承认南方交战国的地位，还是特伦托事件，这一切都给美国政府造成了很大的影响。作为年轻人，亚当斯充满了热情，也敢指责别人的不是，当然，这也是一个不成熟的表现。

时间渐渐流逝，一切也都和预想的一样发展着，父亲给亚当斯上了一堂最昂贵的课。在这个课堂上，老师中不仅有英国政府高级官员，还有美国外交部高级官员。

这些厉害的人物联合给亚当斯上了一节真实的政治课。在这堂课里，亚当斯受到了极大的启发，也从中发现了很多自己曾经没有注意到的教育真谛。

亚当斯仅仅是一个秘书，使馆中其他任何的工作都不归他管辖。尽管亚当斯也曾经研读过法律，但是，这些法律条款需要比他更加专业的人去研究。韦德曾经告诉过亚当斯，政治是一种游戏，在政治中找不到真正的朋友。

但是，亚当斯还是想要求证这句话的真谛。无论是历史还是现实生活中的法律，都告诉了他，政治中的人不值得信任。可是，如果女王不能信任自己的内阁，那么，她应该如何生活？

那个时候，英国社会也是极其动荡不安的，充满了混乱和争斗。当时，社会中的势力已经分成了几个派系，他们对于帕麦斯顿和鲁塞尔都非常不满，也选择性地攻击一些自己不喜欢的政界要人。

很奇怪的是，这几个派系的人却共同对韦斯伯进行攻击，无论大家的立场有多不同，似乎都对韦斯伯极其不满。

但是，这并没有动摇韦斯伯的地位和声誉，因为他具有极高的政治手腕，能让自己幸免于灾难。这也让亚当斯真正明白，政治中没有值得自己信赖的，政客也不值得信任。

这是对政治充满热情的青年对政治事件所进行的思考。从很多政要的信件中，我们也可以充分地肯定，政治中不可能存在信任。

这也是亚当斯在当私人秘书时所疑惑的问题，他也一直在寻找答案。政治值不值得信任，只有好奇的学生才会对这个问题进行不懈的观察和研究，最终寻找到自己想要的答案。

这一课对于亚当斯来说是至关重要的，也让亚当斯看清了政治的真正面孔。所有的政治更像是一种博弈，对于这些博弈的参与者，无需给予过度的关注。

政治就是政治，是一场权力的厮杀游戏，而不是一场温柔的心理研究，政治家也不需要去真正研究心理学。所有发生的一切都没有影响到亚当斯和他的父亲，生活还在继续。只不过，之前希望分裂美国政府的行为，最终并没有实现。

可能，在亚当斯父亲心目中，还是更喜欢鲁塞尔，虽然他和帕麦斯顿都不会成为自己真正的朋友，仅仅是因为利益纠缠在一起。

亚当斯知道，只有通过自己的努力，才能从中找到自己想要的答案，也只有这样，才能真正明白其中的奥秘。

» 【亨利·亚当斯的教育启示】

很多父母以为，政治离生活很远，和孩子更没有关系，这是不对的。孩子虽小，也是政治载体，政治也会影响到孩子的生活和学习。

父母要多帮助孩子学习政治，关注政治，并根据政治的发展状况调整孩子的生活和学习，增强孩子的适应能力。

21. 摆脱思维定式，拓展对事物的认知

政治是一门非常不好掌握的学问，要想充分研究政治，就必须研究好每一个人的人性，这是政治研究的基础。在英国的那段时间，让亚当斯对英国人有了充分的认知和了解，他认为英国人是难以捉摸的人。

在亚当斯看来，法国人有天生的毅力，美国人有不断前进的勇气。可是，英国人却完全呈现两种极端的发展状态，一种非常完善，一种非常混乱。

虽然大家都不愿意相信这样的说法，甚至会认为这些说法是不现实的，或者是没有任何理论依据的。但是，这是亚当斯亲身经历而得出的结论，是有现实依据的，是通过长时间的实践才得到的。

亚当斯并不指望别人相信这些内容，这只是他自己进行的简单归纳和总结。对于英国的教育模式，亚当斯是极为反感的，也不愿意接受这样的教育。

亚当斯完全是因为自己的爱好而对英国的思想进行研究和观察，也发现自身并不适合这样的教育。很多欧洲人都认为美国没有自己的思想，将美国看成十分肤浅以及没有内涵的国家，这甚至成了很多欧洲人都热衷讨论的话题。

欧洲人认为，美国仅仅只是欧洲经济生产的机器而已，没有任何思想意识形态。而在美国，也将欧洲的意识形态以及思想进行过度的传播和美化。

英国人讨厌法国，是因为这两个国家无论在哪个方面，都处在对立的状态，这也不可能让它们相互喜欢对方。对于美国，它们则是直接进行无知且没有任何余地的批判。

英国在批判别人的时候，从来不考虑自身的行为和不足。它们认为美国人迂腐，却没有看见美国人用自己的经济头脑实现的价值创造，更没有看见自己行为的怪异和浪费。英国人永远看不见自身的缺陷，他们只会照本宣科，这和美国人截然不同。

对于英国人的评判，亚当斯有着自己的见解和认知，而不是仅仅局限于家乡人的看法。在亚当斯眼里，无论是帕麦斯顿还是鲁塞尔，他们都没有很好的能力以及完备的个人品质。

亚当斯也曾经见到很多美国政治家，他们都表现出十分优秀和激昂的品质。面对困难，他们会勇往直前，并且在与别国的交往中显示出非常强硬的一面。

但是，在英国人那里，亚当斯从来没有发现这种优秀的品质，无论是在高官身上，还是在他们的成员身上，都没有这种能量。更多的时候，反而给人一种软弱无能的感觉。

这是亚当斯的认知，可能有一些私人色彩在里面，不过，亚当斯也不可能将这些认知错误地扩大化，他只是表达自己的感觉而已。

转眼间，已经到了1863年的3月，在这个月的26日，将要在圣詹姆斯大厦中召开一个大型会议，父亲希望亚当斯可以去参加这次会议，因为这次会议对他应该具有极强的教育意义。这是一次关于贸易问题的会议，父亲希望亚当斯可以从中学到一些东西。

这次大会是由比斯利教授促成的，他希望通过利用美国人提供的机遇，让布莱特先生可以改变观念，与贸易联盟站在同一战线。

亚当斯同意了，并为这次会议做了报告。这份报告是亚当斯在确认不危及任何一方利益的情况下所写的。所以，现在也可以在美国的国家档案中发现这份报告。

报告没有全面展示会议内容，因为最精彩的会议内容亚当斯并没有写入报告中。

在会议上，最精彩的要属布莱特的讲话，让人感觉到非常有学问、有技巧。在布莱特演讲的开端，他用自己的方法让所有的英国人都感到愤怒，这也是他的目的。

由于害怕遗漏一些人，布莱特还会在演讲的过程中，不停地提到这些人，反复确认是否有人遗漏。这真是非常奇特的演讲，也让亚当斯受益匪浅。

如果换成另外一个人，他可能也会非常用心地利用各种技巧，去实现自己想要达到的目的，激怒更多的英国人。但是，随着话语的增加，他一定会露出自己的破绽，并最终影响总体收效。他一定达不到布莱特的水平，只会自取其辱，没有任何意义。

当布莱特演讲完毕后，现场发出了热烈的掌声，大家都为他的演讲而喝彩，这让亚当斯的内心产生了极大的触动。但是，在演讲完毕之后的会议中，英国内阁肯定会加倍小心，不敢轻视这个人。

亚当斯虽然不知道双方争执的原因，但是，他对布莱特产生了极大的兴趣，也认为他是一位与众不同的人，以至于他不知道要怎么给这个英国人归类。

这是 1863 年给亚当斯带来的认知，也让亚当斯产生了新的感觉，那是与英国人的软弱截然不同的。当然，亚当斯并不知道这样的总结是否正确，可能是对的，也可能是错误的。

这时已经到了社会的变革阶段，无论是英国还是法国，都处在这样的阶段。从历史上看，英国的思想从来没有出现这样的状况，如此混乱不堪，没有任何秩序和主张。

亚当斯没有看到英国未来的发展前景，只是感觉到非常混乱和无序。亚当斯不知道未来会发展成什么样子，一切都是未知的。

» 【亨利·亚当斯的教育启示】

孩子虽小，也有一定的思维定式。通常，在孩子有了一次经历后，遇到类似情况，就会沿用前面的经验，这就容易使思维僵化。

要避免思维僵化，父母需要指导孩子多体验，多增加经验，这样容易使思维开放，逐渐跳出定式，开拓创新。

22. 让孩子掌握社交的艺术

亚当斯处于十分尴尬的地位，可能任何一个社会都不会接受他这样的身份，也没有任何人会给这样身份的人予以尊敬。亚当斯也不知道自己每天到底在干什么，目标是什么。

亚当斯的身份每一天都在发生着变化，在公使儿子、秘书以及无业游民之间不停转换，他自己也不知道自己的身份到底是哪一个。

虽然亚当斯一直在公使馆工作，但是他从来不是一位真正的外交家，也没有任何外交人员愿意与他来往和交流。很显然，他对于这些外交官的工作没有任何帮助，别人也不需要他为自己做些什么。

所以，亚当斯每天就是让自己漂泊在这个社会上，没有任何目的和追求地生活。在这里，他注定要了解和接受的教育，就是英国式的教育。

当时，亚当斯已经 26 岁了，可是，他连一分钱都没有挣到过，他的生活也十分贫困，和那些在军营中打拼的朋友没有什么两样。

可是，这个社会给亚当斯的精神带来的损害却是巨大的，甚至要超过战争对人民造成的伤害。如果亚当斯非常有钱，也有自己的地位，可能就不会是这样的结果。但是，亚当斯什么都没有。

亚当斯的很多朋友也都在为生活打拼，他们可以为自己在社会上谋得生存的地位，但是，亚当斯还是一无所有，一切都是虚无的。

在英国，亚当斯没有获得任何有意义的教育感知，就连一些基本的社交经验，亚当斯也没有任何收获。或许，他根本就不适合英国的社交界，他也不喜欢这里的一切。而且，在英国人眼里，也不认为像亚当斯这样的人可以进入他们的社交圈。

刚进入英国社交领域的时候，亚当斯也曾经尝试改变自己，让自己可以融入这个圈子。但是，事实证明他错了，他实在没有改变自己的能力。

　　英国社交圈中大部分都是女性，亚当斯希望自己可以进入这样的圈子中。但另一方面，他又认为需要别人的推荐，才可以和这里的女性进行接触。反之，就会让人感觉十分唐突和尴尬。

　　尽管在英国的社交圈，英国男人都是主动去结识女性的，但是，亚当斯没有这么大的勇气。他担心失败，也害怕遭到别人反感。

　　亚当斯毕竟是外国人，他的担心也是正确的。很多英国人也不喜欢非英国人到他们的家中拜访，无论是年长的外交人员，还是资历颇深的外交家。

　　但是，有一个地方是亚当斯很喜欢的，这里没有那么多礼节，十分自由和放松，让他感觉到快乐和满足。

　　这个地方位于约克郡的布里顿小镇，主人玛格丽特·波蒙特夫人是非常的知性以及让人着迷的，所有一切都让亚当斯感觉到陶醉和迷恋。

　　一天早晨，在没有任何征兆的情况下，玛格丽特·波蒙特夫人用一种慵懒和无意识的语言对亚当斯说了一句引起他极大反应的话。

　　那天，玛格丽特·波蒙特夫人一个人对着空空的杯子，冷不丁地说了句，自己不介意其他国家的人。可能，这仅仅是无意识的话，却让亚当斯产生了极大的联想。他不希望夫人指的是自己。于是，他对夫人说道："可不可以不要把我当外国人看待。"

　　玛格丽特·波蒙特夫人看着亚当斯，言语中没有任何看不起的意味，她告诉亚当斯，自己从来没有把亚当斯看成别国的，是亚当斯多虑了。

　　玛格丽特·波蒙特夫人也明白，自己和亚当斯之间不可能发生任何事情。毕竟，亚当斯是美国人，除非她真的对本国男子产生厌倦，否则，他们之间就不可能有什么特殊联系。

　　事实上，对于亚当斯，玛格丽特·波蒙特夫人更多的是同情，对他深处异国他乡，没有任何交际圈的同情。

　　时间还在继续，一切都没有发生变化。亚当斯在寻找属于自己的圈子和世界，尽管一直没能找到，但是亚当斯在努力进行着这一切，希望自己可以找到适合自己的领域。

　　亚当斯在寻找的同时，也尝试接触了很多圈子，但是，没有一个是亚当斯自己真正喜欢的，他甚至不知道为什么会存在着这些各自独立的小社会。

　　在他接触的这些圈子中，最让人觉得时尚和高雅的就是那些非常小的社交圈，但是，这不是亚当斯喜欢的，他也不明白这些人在这里到底得到了什么。

　　虽然体育圈是亚当斯知道的最广的圈子，但是，他不知道这些人为什么这么热爱这些，他也从来不愿意进入这个社交圈。

　　在英国的社会中，除了这些社交圈之外，还存在各种各样的团体，他们是因为共同的爱好和工作，才逐渐地走到了一起。律师团就是其中一个，这个团体里的人基本上都是律师，他们聚在一起说工作上的事情，或者他们最近遇到的事情。

　　亚当斯曾经来过这个团体，但是，他并不喜欢这里的氛围，这里面除了律师，他从来没有见过一个法官出现过。

　　亚当斯的父亲曾经带他拜访过一位法官，当他们进入这位勋爵的家中，却发现他和另外一个人正在对布鲁汉姆进行批判。

　　除了这些圈子之外，还有一些是宗教界的社交圈，一般人很难进入。

　　总之，在英国社会，每一个人都有自己的圈子，无论是高官还是平民百姓，都有自己交往的范围，他们也很享受在自己的活动范围中寻找自己的乐趣。

　　亚当斯在伦敦已经待了几年的时间，但是，他并没有发现任何属于自己的生活乐趣，也没有办法让自己融入到圈子中去。

　　亚当斯一直认为自己对社会感到十分茫然，他不了解自己所处的社会，也不知道自己是不是已经处在这样的社会中，一切都让他非常痛苦。

　　当然，这只是亚当斯自己的认识，他的朋友们并不这么认为，很多朋友都认为亚当斯对社会的认知十分表象化。

亚当斯参加过很多重大聚会，也接触过很多重要人物，但是，这些似乎都对他没有任何意义。或者可以说，他不认为这些活动有什么作用。除了其中的两次活动，但就算是这两次活动，他也只认为是让自己印象深刻，而不是因为有什么作用和意义。

亚当斯是一个秘书，他的身份也不允许他自由进入很多地方，更不会让他在皇室中得到提升和发展。

皇室，可以说是每一个人都非常想接触的地方。但是，在这几年之中，皇室几乎没有任何作为，甚至有很多人认为皇室和一般社会没有任何差异，关键在于他们自身的观点和态度。

在英国社会，皇室和贵族社会一直是子民不满的对象，它们几乎没有对社会的发展做出过任何贡献，但是，却享受着最好的待遇。

亚当斯和英国皇室并没有什么交情，他也不清楚皇室人员的名字。在他所谓的朋友中，也没有几个人和皇室有关系或者愿意和皇室接触。除非皇室真的可以放下尊贵的架子，向普通民众开放，否则，没有人愿意进去。

另一方面，亚当斯也从来没有接触过十分前卫和时髦的人群。这些人可能并不在乎彼此的门第和地位，而是完全按照自己的想法生活。他们的生活充满了自由和快乐，喜欢在不同场合寻找自己的伴侣，然后一起寻找下一个节目。

每一个人都有自己的喜好和追求，不同的社会地位也不能阻挡彼此的交往和娱乐。无论是在英国还是在美国，都会出现这样的状况。

在当时，经常可以看到哪一个高官和哪一个美女在一起，他们共同组成了家庭。但是，这样的家庭往往都没有很好的结局。

亚当斯已经厌倦了英国所有的一切，也不愿意再对这里的一切产生好感，更不愿意去参加任何正式场合的聚会。虽然他不喜欢聚会，却很享受歌剧院里的歌剧。这里并没有什么教育，仅仅是个人的喜好问题。

莫特雷曾经这样评价：这是人类社会的进步，无论是伦敦各种名利场的晚宴，还是乡村富豪的聚餐。亚当斯想了很久，始终不明白这句话的用意。

　　他认为莫特雷不可能说的是菜，任何人都知道当时伦敦的菜是十分难吃的。亚当斯虽然不是什么专家，但是，他在生活中，经常会听见别人对英国的菜品所表现出的不悦。他相信，莫特雷不可能对英国的菜品进行称赞，这对他来说是十分不可思议的。

　　亚当斯需要在英国环境中接受自己的教育。这是亚当斯作为秘书所必须做的，他要使自己感觉到快乐，而且是由内散发的自然之感。亚当斯用尽自己的能力去研究和学习，但是，他始终感觉不到快乐，一切都让他感到非常痛苦和难受。

　　亚当斯不知道自己为什么会出现这种状况，或许他只应该静静地聆听，而不应该为表演者的失误或者不完美而不停纠结。

　　可能，当时的亚当斯没有办法做到这一点，也可能随着年龄的增长，他会明白这一切，并且学会理解和宽容。但是，亚当斯没有办法让自己等到那个时候，现在他需要有自己的生活，他无法忍受时光的流逝。

　　从英国妇女身上，亚当斯了解到，她们在 40 岁之前，都是非常无知和没有任何底蕴的。只有在中年之后，她们才会散发出魅力去吸引年长的男人的关注。这些真正有涵养的女性是很少关注外国青年的，除非他们有血缘关系。

　　所以，亚当斯是没有办法与其他女性进行交流的，他没有主见，而且也很容易受到女性思维的干扰和迷惑，这些事情随时都有可能发生，无论在工作中还是在社会中。

　　这一切使亚当斯失去了方向，没有了人生前进的动力。在亚当斯所进行的教育结束之后，他开始被放逐在伦敦社会之中，但是，他喜欢这样的感觉，认为这种状态要比每天游离在各种聚会和晚宴中要舒适、自在百倍。

　　在 1863 年的一天，也就是 4 月 27 日的早间，亨利·霍兰德爵士邀请亚当斯到他的家中和他一起吃早餐。对于这样的邀请，亚当斯没有办法拒绝。于是，他很早就来到了这里。

　　当亚当斯正准备敲门的时候，他看见了另外一个人，他叫查尔斯·

米尔尼斯·加斯凯尔，也是爵士邀请的一位贵宾。

亚当斯和小米尔尼斯一起到了饭厅，他们彼此介绍了自己。原来，小米尔尼斯是一位学生，正在剑桥大学读书，父亲是詹姆斯·米尔尼斯·加斯凯尔。这真是十分有缘分。

一切似乎是早已经安排好的，亚当斯在这里也接触过很多人，无论是级别非常高的皇室成员还是首相，或者是社会最下层的小门童，所有的人他都有接触过。

他与很多使节也打过交道，并且和他们一起相互交流和谈话。他也陪同父亲进入过很多高级会议场所，参加过很多重要宴会。他也曾经为了了解一些社会团体而花很多精力和时间，这一切似乎没有任何作用和效果，一切都近乎是在浪费自己的生命。

在工作中，亚当斯还要做很多秘书的工作，帮助使馆接待来到英国的妇女团，或者带某些绅士前往英国的聚会点或者朝廷。但是，没有人会因为这些事情而向亚当斯表示感谢和致敬，甚至有很多人都不知道这些事情都是谁做的。

林肯和苏亚德也根本不会关心这些细微的小事，尽管亚当斯可能要付出很大的努力才能完成这些事情。于是，亚当斯只能一个人默默承受着没有功名的结果。这种默默无闻的生活占据了亚当斯的大部分时间，而在此期间，亚当斯也仅仅只有非常有限的几位朋友。

» 【亨利·亚当斯的教育启示】

社交是一门艺术，拥有较强社交能力的孩子，容易受到他人的欢迎，在社会上也能融洽地和成人交往。孩子的社交能力如何对孩子的人生发展有很大的影响。

不论是现在在学校还是以后走向社会，良好的交往能力是促进孩子发展的重要手段。一个人的知识总是有限的，更需要各方面的协作，互相取长补短。所以，父母要重点培养孩子的社交能力。

23. 点燃孩子人生的指明灯

时间瞬息即逝，转眼已经进入了1864年，这一年国内战争也转向了稳定，显示出了和谐的征兆。林肯连任总统，这也让亚当斯的父亲在海外的地位更加稳固。父亲的任期已经到了，但是，因为有一些事情要处理，便继续留在英国，与英国政府协商。

亚当斯想，用不了很长时间，一家人就可以回到祖国了。亚当斯也变得不再急躁，他知道自己应该变得宽容和大度，一切都在向好的方向转变。

回想一下自己曾经的梦想，亚当斯发现，生活并没有发生任何变化，自己当时的梦想也没有实现。

但是，和朋友们相比，亚当斯是幸运的，因为他们对自己的未来更加迷茫。战事即将结束，他们需要从战争中抽身，回到现实世界中，重新开始他们的生活。

一切都要结束了，亚当斯也应该离开伦敦。然而，就在这个时候，医生建议父亲去意大利调养身体，不管是作为秘书还是儿子，亚当斯都必须一起前往。

亚当斯又到了意大利，享受了一段美好的时光。这次旅行让亚当斯感到十分开心和快乐，用别人的钱享受旅行，亚当斯从来没有感到如此美妙。

在这里，亚当斯享受了一个极为豪华的旅程，他可以去爬山，也可以享受豪华的四轮马车，还可以去温泉和赛马场，观看上流社会是如何生活和享受的。这一切都让亚当斯非常满意，虽然没有得到多少教育，但是，在这个过程中，亚当斯已经感受到了喜悦和满足。

就在这个时候，传来了让所有美国人都十分震惊的消息，林肯总统遇刺身亡。这对于整个美国来说，都是非常大的震动，但是父亲并没有让亚当斯回英国。

后来，亚当斯结束了旅程，再次回到自己的办公桌，开始整理陈旧的文件。但是，他又开始迷茫了，不知道自己是否还是原来的自己。他开始感觉到自己应该寻找新的工作，以此作为自己心灵的寄托。

新的总统即位，认为一切都应该维持原样，所有的英国公使馆人员应该继续从事自己的工作。但是，亚当斯则必须要开始自己新的工作，他不可能在这里继续待下去。

亚当斯认为，自己需要得到新的发展，需要找一份真正可以养活自己的工作，而不是继续待在公使馆中，一天一天地混日子。

这件事情真正做起来，却存在非常大的困难。职业的选择本身就是一件非常困难的事情，而亚当斯也不知道如何选择。

但是，他心里很清楚，有两件工作是自己绝对不可能做的，那就是律师和大使。而且，根据法律界的规定，亚当斯曾经是一名外交人员，是不允许进入法律界的。

但是，亚当斯也没有办法继续留在外交界。作为一名在美国外交最困难的时候，也曾经接触过权力核心的人，是不会愿意在西班牙或者雅典这样的地方担任秘书的。就连父亲也认为，外交界并不合适亚当斯。

亚当斯开始寻找新的工作，但是，他并不知道自己应该到哪里寻找。他可以很容易干错一件事情，但是，想要选择正确就非常困难。之前，亚当斯自己总结的教育经验，也不可能成为他财富的来源，因为没有人需要这些东西。

这时，亚当斯将他的选择定在了报纸上，他认为这是最靠谱的行业。报社的工作在亚当斯眼中是一个很好的工作。进入报社，就相当于上了讲台，相当于走向了学校，自己就是一位向民众宣传教育的老师，在这里可以讲述一切自己愿意讲述的话题。

　　所以，亚当斯最终下定决心要从事这门工作，由于没有办法立刻回到美国，亚当斯就先从英国的报业开始学习。同时，亚当斯也知道，这份职业并不能让他在美国很好地生活，但是，这是他自己选择的。

　　在英国的生活，也让亚当斯的思维方式发生了改变，带上了浓郁的英国色彩。他不喜欢这样的自己，但是，却越来越喜欢英国，喜欢在这里的感觉。

》【亨利·亚当斯的教育启示】

　　理想就是人生的奋斗目标，是对未来生活的追求，是对未来社会的向往。孩子们最富于理想，最有雄心壮志。作为父母，要爱护孩子们那天真、纯洁的向往，以及对未来美好的期望，并促使孩子为了理想而努力奋斗。

　　孩子有了理想就会朝着既定的方向迈进，就会在事业上创造出成绩，而且孩子追求的目标越高，他的才能发展得就越快，对社会就越有益。

24. 投资理财很重要，需要谨慎对待

亚当斯从内心对油画有一种喜爱的感觉，非常喜欢研究这些画作。但是，父亲却不这么认为，他不认为亚当斯可以从画作中看出其中的精髓。

在约克郡中，亚当斯遇到了非常有才华的一家人，他们来自帕尔格雷夫家族，他们家族所有的人都极具艺术气息，也有极强的艺术造诣。

这家人非常喜欢对一种艺术进行评判，但是亚当斯似乎并不关注这些，他也不愿意去过多考虑这些事情，他只是很喜欢听别人讲述这些内容。他的很多想法和认知也与斯托普·布鲁克不谋而合，这样让亚当斯感受到了久违的快感。

但是，这些仅仅可以作为业余的谈论，完全不能够当作一种职业。如果把这些当作职业去付出毕生的心血，还不如去马场谋取一个工作。

同时，油画这个行业也非常不好做，这就是一项艺术品投资工作，中间会存在很多风险。投资商也十分谨慎，一般只有经过专家验证的，他们才敢购买。

有一次，亚当斯专门从一位画家手中得到一幅画作，是画家当着他的面画的。在拿到这幅画作之后，亚当斯专门把画裱了起来。可是，却被人怀疑作品的真实性。他没有办法证明这幅作品，也没有办法找到很好的证据让别人可以信服。

这期间还有一件事情值得提起，在 1867 年 7 月的一天，亚当斯和帕尔格雷夫一起在商业街上游转。这个时候，帕尔格雷夫先生提出来要带亚当斯去看一些旧的油画。这些油画都是一位伯爵的藏品，帕尔格雷夫认为，应该可以从中发现一些有价值的油画。

　　这些油画，也只有那些了解它们的人才会去关注，而一般人很少愿意了解这些，更不可能接触这些东西。这些旧画都被存放在交易行中，每一次交易完成之后，这些画作的数量也会减少。

　　帕尔格雷夫进了废旧仓库之中，希望可以从中找到一些有价值的画作。就在这个时候，他看见了两幅画作，分别是拉斐尔和伦勃朗的。

　　这时，帕尔格雷夫伸手触摸那一幅拉斐尔的画作，并向亚当斯说出了自己的看法。他认为这幅画作在不久的将来一定会有升值的潜力，现在这幅画是 5 先令，但是在未来，这幅画一定会达到 50 英镑。

　　亚当斯做下标记，并决定第二天买下这幅画。

　　一大早，亚当斯就来到了拍卖行，希望把这幅画买下来，但是，由于排队的人太多，他先去别的地方歇息了一会。但是，当他再次回来的时候，那幅画作已经被别人买走了。

　　亚当斯十分后悔，已经有人告诉自己那幅画的价值，自己还是没有拿到那幅画。

　　于是，亚当斯向工作人员询问，是谁买走了那幅画作。最后，亚当斯知道买主是霍洛韦，他对此人略有了解。

　　于是，亚当斯马不停蹄地赶到买主的商店，希望可以等到他的回来。就在这个时候，亚当斯看见了霍洛韦，他的手中拿的正是自己想要买的那幅画。亚当斯没有任何过多的寒暄，直接进入主题，希望霍洛韦可以将那幅画作卖给他。

　　霍洛韦十分惊讶，亚当斯为了这幅画竟然到自己的商店来了。于是，他以 12 先令的价格卖给了亚当斯，亚当斯重新得到了这幅画作，十分开心。

　　亚当斯拿到这幅画作，让帕尔格雷夫看，帕尔格雷夫认真地看着这幅画作，并让亚当斯去大英博物馆。因为，画作是镶在旧的相框中的，只有大英博物馆的里德先生可以帮助亚当斯将这幅画作取出来。

　　亚当斯带着自己的画作来到大英博物馆，并见到了里德。但是，当里德看见这幅画的时候，却对亚当斯说了另一番话，他认为这并不是拉斐尔的真迹。

亚当斯听到这句话，感到非常失望，他不知道应该怎么办。他将里德的原话告诉了帕尔格雷夫，帕尔格雷夫非常生气，他认为里德根本就不懂拉斐尔。

　　就这样过了漫长的一周，亚当斯来到了博物馆，取他的画作。亚当斯到来后，里德将这幅画作还给了亚当斯，并对亚当斯说，自己在这幅画的后面发现了印记，他不能肯定这幅画是否不是出自拉斐尔之手。

　　听到这句话，亚当斯反问了一句，想询问这幅画的真伪，但是，里德先生没有办法给出准确的答复。

　　就这样，时间过去了将近40年。亚当斯仍然不知道自己手里的这幅作品到底是否出自拉斐尔，他也不想去探究这个问题。但是，亚当斯一直保留着它。一方面是因为亚当斯喜欢这幅画的内容，另一个方面他还想听一下别人对这幅画的看法。

　　当时在大英博物馆的人，都认为这幅画不是真的，认为它的价值只有5先令。亚当斯不知道什么是事实，只是从这幅画中，亚当斯知道自己真的不适合做油画投资这一行，这也给亚当斯留下了极强的教育意义，让亚当斯明白自己并没有投资的才能。

　　后来，亚当斯又去过几次拍卖会，并在别人的建议下购买了一些画作。画作种类繁多，亚当斯完全没有兴趣，有些画甚至让他感觉非常厌烦和难受。但是，最后亚当斯仍然购买了一幅画作，没有任何原因，只是因为这幅画亚当斯有能力购买。

　　作为一个小小的秘书，亚当斯的资金是有限的，他不可能买米开朗琪罗的作品，它们的价格对他来说是天文数字。他只能根据自己的经济实力购买画作。

　　这一切都需要亚当斯认真思考和学习，他认为，这些应该是值得借鉴的。虽然这一切并不是亚当斯希望发生的，但是，事情已经变成了这样，亚当斯就需要进行总结。

　　这时，亚当斯已经28岁了，已经到了能够认清自己和世界的年龄。

他应该寻找自己的道路，而不是在没有方向的环境中继续迷茫。如果真的想有所作为，就必须开始寻找正确的方向和道路。

» 【亨利·亚当斯的教育启示】

投资简单地说就是一门用钱赚钱的学问，孩子将来进入社会后肯定要学会赚钱的，而且必须学会用钱赚钱。所以在孩子尚未进入社会前，父母应该让他们懂得投资的知识。

父母要对孩子进行一些相关的训练，早让孩子介入投资，懂得什么是投资，投资有哪些特点。同时告诫孩子谨慎投资，对提高他们的财商和学会科学理财都有极大益处。

25. 不断学习，不断更新自己的知识结构

亚当斯自认为是达尔文的信仰者，这是亚当斯自己的想法。他可能仅仅是为了适应当时的社会，将自己伪装成达尔文的信仰者。但是，这更让人感觉，这是一种无知的行为。

其实，按照亚当斯自己的意愿，他更喜欢马克思主义学说，也更愿意信仰马克思主义，向往社会主义。

但是，亚当斯处于英国社会，英国社会不允许这种思想的存在。于是，在社会的压迫下，亚当斯只能选择让自己信仰康德的思想。

换句话说，只要不剥夺亚当斯的言论自由，他愿意信仰任何思想。虽然这个世界本来就已经非常复杂了，但是，亚当斯却不满足于现在的状况，想让世界更加混乱。可是，当世界真的成为那个样子的时候，任何人都没有办法挽回。

对于进化论或是达尔文，亚当斯也没有去了解过。但是，亚当斯相信自己的能力，认为自己可以理解达尔文的理论。于是，他跟随地质学的脚步，开始对达尔文的理论进行学习。

在伦敦，很多人都会研究地质，去寻找人类的起源以及社会环境发展变化的原因。但是，达尔文的理论并没有涉及这些问题，仅仅是从物种开始进行论述。

亚当斯没有想太多，他认真研读达尔文的著作，并对此进行研究，他认为这是一种信念，他应该对此有所了解和认知。对于达尔文的理论，他也没有任何感想。

后来，亚当斯找到了查尔斯·莱耶尔爵士，他是《人类古物》以及《原理》的作者，这两本书在英国极具影响力，并且是非常重要的书籍。

书中重申和肯定了达尔文的理论，在英国具有很高的学术地位。

亚当斯之所以找查尔斯爵士，是希望可以通过使馆将他的书籍引进到美国。这个消息让查尔斯爵士非常振奋，他也希望自己的书籍可以在美国出版。

很快，查尔斯爵士来到使馆，与亚当斯谈论把书籍引进到美国的相关问题。亚当斯表示，希望他能让自己帮助他解决出版上的一切问题。查尔斯爵士没有丝毫犹豫，很快同意亚当斯的要求，他知道应该这样做。

亚当斯没有想到查尔斯爵士这么快就同意了，于是，他很快着手这本书在美国出版的相关事宜。亚当斯查找了很多美国地质学的相关书籍，并研读了地质学领域的职业规范。

亚当斯愿意做这件事情，是希望自己可以通过这件事情得到教育，而并不是想要帮助任何人。如果这本书的作者是牛顿而不是莱耶尔爵士，让亚当斯给书籍加注解，亚当斯一定会非常兴奋地跳起来。

但是，亚当斯没有任何这方面的专业知识，注定一切都会很糟糕。这就好像是给牛顿的书写注解，却还要向牛顿请教苹果落到地上是什么原因。这是多么无知的问题，如果牛顿回答他也不知道，这一切是多么可笑，会让所有人都觉得无知和可笑。

亚当斯只是地质学中的新手，没有更多的专业知识，也没有办法更好地学习这些东西。他费了很大功夫给查尔斯爵士的书写注解，虽然有很多意思表述不正确，但是，爵士并没有修改，而是让这些内容保留了下来。亚当斯并不知道自己写得是否符合爵士的要求，只知道他并没有提出异议。

同时，查尔斯伯爵也花了很多时间，搜集了很多相关资料和数据，希望可以帮助亚当斯进行印证。

这些资料让亚当斯信心倍增，他努力研究这些东西，并且希望可以帮助爵士很好地完成这项工作。

经过长时间的努力和研究，亚当斯清醒地认识到，这一切是非常困难的，他能够印证的也只有进化论问题。地质学是一门很深奥的学问，他也不知道如何进行。

在研究的过程中，亚当斯可能渐渐认识到自己并不是真心关注真理，他也不愿意去浪费自己的精力去研究这些所谓的真理，除非他在这个过程中感受到快乐。

亚当斯的行为让父亲很生气，他不满意亚当斯这样的态度。这就像是一种罪行，非常严重的罪行，会受到社会的惩治。父亲希望亚当斯可以尊重真理，而不是抱有这样的态度和观念。

亚当斯主要生活19世纪后50年中，这个时期一切都在演变和进化，法律也是一样，社会以及政府都在前进和发展。无论在这样的道路上会付出怎样的代价，所有的人都在为之付出努力。

这是亚当斯可以预见到的牺牲，还有很多事情，可能是他没有能力获知的。但是，他认识到社会是在不断发展的。

在以后的社会中，教会不再占据主导地位，取而代之的是人民都认同的社会宪法。这是亚当斯在英国的认知，这一切都让亚当斯发生了巨大的改变，它的效用已经可以等同于牛津大学的学位证书。

亚当斯认为自己应该放弃这条路，他转身走向了金融界，并且希望通过金融业重新开始，建立自己的声誉。

同时，亚当斯在对1787年到1821年的英国历史进行研究，发现英国政府本身进行的限制是极不利于经济发展的，应该让经济自由发展，这样才能避免通货膨胀的危险，实现经济社会的平稳发展。在当时，英国银行和财政人员都有这些认知，也都非常认同这样的观点。

亚当斯发表了自己的研究成果，他认为，如果不发表，那么一切就是白费心思。他不想浪费自己的时间，也希望自己可以通过这篇文章成功地进入商界。

但是，亚当斯发表这篇文章的同时，又担心文章中的内容会遭到商人或者银行家的指责和报复。因为，他们毕竟没有学者那种态度，而是更关注自己的金钱和利益。

亚当斯对于这篇文章的态度非常谨慎，他经过认真分析和研究以后，才决定发表这篇论文。文章的内容是对1816年英国金融危机进行的评价以及原因分析。

亚当斯还写了另外一篇文章，这篇文章是对 1797 年到 1821 年之间英国政府所实行的限制型银行政策所提出的一些问题和原因分析，并提出了解决这一问题的对策。

亚当斯将这两篇文章都寄给了《北美洲人》，希望《北美洲人》可以采用这两篇文章。

亚当斯十分害怕最后的结果，他不知道编辑是否会采用这两篇论文，他也担心最后被退稿。他怀着忐忑的心情，等待着对方的回复。

时间一天天逼近，这一天终于到来了，亚当斯的文章被杂志采用了，而且是两篇都被采用了。这是对亚当斯非常大的肯定，也让他兴奋了很长时间。

这件事让亚当斯的信心倍增，也让他感到自己有了一定的文学水平和修养。这样的兴奋程度，不亚于刚刚获得一笔巨额收入。同时，也使亚当斯在媒体界闯出了自己的天地。

刚得知这个消息的时候，亚当斯已经不知道自己应该做些什么，他也不知道自己下一步应该做什么。

美国的革命已经结束，国内呈现一片和谐的景象。这里的一切都向世人昭示，美国已经强大起来。美国的迅速发展，让所有的美国人都感觉到希望和未来。

亚当斯还有漫长的路要走，他不知道自己应该做些什么，他所受的教育已经达到了一定的阶段，这时应该开始新的旅程。亚当斯需要真正背上自己的行囊，朝着自己的方向去前进和努力。

在 1868 年，亚当斯再一次来到了罗马，这一次他是和米尔尼斯·加斯凯尔同行的。他在罗马进行了漫长的旅行，再次回到自己之前所坐的教堂前的台阶，感受这里的一切。在他看来，这样的行为都已经成为了自己的习惯。

这一次罗马之行，也让亚当斯真实地感受到，自己这几年并没有增长多少知识，几乎还是停留在原来的水平。他没有感觉到自己更加成熟，也不认为自己的见识有所增长，一切还是原来的状态。

罗马之行结束之后，亚当斯依然回到了伦敦，这是他在伦敦待的最后一段时间。他并没有感觉到变化，他也很喜欢自己在伦敦度过的这些岁月。

对于英国，亚当斯已经非常熟悉了，他已经适应了这里的一切，适应了这里的生活、工作环境以及其他所有的英国文化和思想。

亚当斯享受这里的一切，喜欢和英国人一样发出狂躁的怒吼，也喜欢自己一个人去乡野旅行，更喜欢和朋友们在一起。可是，这里的一切即将结束，亚当斯要踏上回国的路。

亚当斯跟随父亲回到了利物浦，他们要在这里踏上回美国的轮船。亚当斯有些伤感，一切都不能吸引他的注意力，他的内心已经完全被离别占据了。亚当斯回想自己在英国的生活，回想自己的一切，意识到自己已经被英国所吸引，并且接受了英国的思想和文化。

刚来英国时的担忧没有了，有的是自己对英国的留恋和不舍，但是，亚当斯必须回国了。他在这个过程中接受了全部的英国教育。这也是他在英国所待的七年中最不舍的时刻。

» 【亨利·亚当斯的教育启示】

社会在飞快发展，知识也在不断更新变化，父母要让孩子主动学习各种知识，不断更新自己的知识结构。

这样能够激发自身的潜力，养成良好的学习习惯，培养独立探索的精神，让学习充满快乐，让自己的知识底蕴也更加深厚。

26. 想做什么，决定权在自己手上

亚当斯回到了国内，准备开始新的工作。此时，美国已经是现代文明高速发展的国家，亚当斯不知道自己应该做什么工作。亚当斯开始迷茫，不知道自己的道路在哪里。

亚当斯非常明白，自己已经耗费了很多时间，也不应该继续浪费自己的时间和生命，应该在某个社会领域做出一些事情，不管是在政治、哲学或是科学领域，他都应该找到属于自己的天空，找到自己未来发展的方向，这才是他应该做的事情。

亚当斯知道自己应该努力和前进，应该有一个发展的方向和目标。亚当斯不需要任何人告诉他答案，他会按照自己的目标不断发展，也不希望别人对自己的想法过度干涉。

亚当斯明白这些事情，他知道自己应该从头开始，社会已经发生变化，他必须让自己适应这个变化中的社会。不管亚当斯是否了解社会，都应该为自己的生活付出努力。

亚当斯重新认识了美国社会，也知道自己应该重新起航。亚当斯来到昆西，希望可以从这里重新开始。他的哥哥查尔斯也在这里，他们两兄弟都准备大干一场。亚当斯希望可以进入媒体行业，他的哥哥则希望从事铁路事业，这个计划更加难以实施。

兄弟俩希望可以在自己喜欢的行业中大放异彩，可是他们都没有盟友，一个人很难做好一个行业。他们需要寻找自己的社会关系，帮助他们实现梦想。

亚当斯拥有极强的社会关系网络，但是，他找不到一个人可以帮助他做这些事情。亚当斯自己去街上求职，希望有人给他一份媒体的

工作。

但是，亚当斯站在那里很长时间，也没有任何人理睬他。为了生活，亚当斯没有其他选择，尽管他要求的酬劳不高，但是，还是没有任何人愿意给予他一份工作。可能，很多人觉得这会让亚当斯很没有面子，亚当斯不这么认为，这是他生存的一种方式。

美国的一切都在改变，观念也在发生着巨大的变化。现在的求职者，需要按照这样的方式展示自己，让自己能够被别人发现，并给予他们一份工作。

一切似乎都在原地踏步，亚当斯没有获得自己想要的工作。

但是，在亚当斯人生后期，他回想这些事情时，认为这是劳务市场的一个巨大缺陷，没有建立一个供需均衡的劳务市场。

亚当斯需要别人的帮助，帮助他进入媒体行业。但是，他突然意识到一个问题，就是波士顿的媒体是所有人不愿意接触的，所有人都唯恐避之不及。无论是什么行业，都不愿意与媒体有任何接触。

这个时候，亚当斯发现波士顿在修建铁路，他也想上去帮忙，但是，他没有这方面的任何能力，也不知道应该如何做这件事情，只能到此打住。

就这样，亚当斯在波士顿的街头寻找了两个月的工作，但是，并没有找到适合自己的工作。他开始寻访自己的朋友，希望可以从他们那里得到一些社会发展的动向和工作的信息。但是，他们对此的认识并不比亚当斯多多少。

查尔斯找了一份文职工作，这个工作也不比自己现在的状况好多少。但是，他已经结婚了，所以他需要用这份工作维持他的家庭开销。

而此时，亚当斯的哥哥约翰已经成为一名出色的政治首脑，但是，由于没有站对正确的位置，谁也不知道未来会发展成什么样子。

亚当斯来到了另一个城市纽波特，希望可以从这里开始自己的人生。但是，他发现从英国学到的那些东西在这里完全不起作用。两者根本就是完全不同的社会标准和认知，根本是两套体系。

经过长时间的努力，亚当斯还是没有找到一个好工作。但是，他还是坚持自己的思想，去做一名媒体人。

这个时候，他来到了华盛顿，希望可以从这里开始自己新的征程。但是，华盛顿对于很多人来说，是处于未开垦的荒地状态。

亚当斯这次无疑是要充当探险家，这次选择的确要冒很大的风险，也需要很大的勇气。对于亚当斯来说，最坏的结果就是去贫民窟居住。在这里，亚当斯要重新开始接受新的教育，他不知道如何让自己真正成长为一个政治演说家。

这个问题，让亚当斯感到一头雾水，根本不知道前进的道路在哪里。亚当斯不在乎钱，可能对于美国人来说，也只有成家以后，他们才会考虑生活所需的金钱问题。这不是代表亚当斯很富有，而是他怎么样都可以让自己生活下去，他不担心自己会被饿死。

但是，现在最主要的问题是，亚当斯需要找到一家报社，找到一份工作维持自己的生活。可是，他想找一家日报社，但是，这样的报社根本不需要亚当斯。

后来，亚当斯只能依靠《北美评论》，但这不是亚当斯心中想要的实事评论的报社，这一切都让亚当斯感到迷茫。

一些似乎都没有希望的光芒，亚当斯也不知道怎么办。在华盛顿，他只有一个朋友，就是总检察长伊瓦茨先生。这是他在华盛顿唯一可以依靠的朋友，伊瓦茨先生帮助了亚当斯，在亚当斯最无助的时候，向亚当斯伸出了援助之手。

» 【亨利·亚当斯的教育启示】

孩子是独立的个体，父母要尊重孩子的选择权，让孩子自己做决定。如果不这样做，孩子可能会缺乏判断力和选择的能力，缺乏责任感和主见。

一个经常为自己的人生做决定的孩子，他的生命力是汪洋恣肆的，尽管会遇到一些挫折，但最终能战胜困难。

27. 人脉奠定孩子未来的成功

在亚当斯的一生之中，他遇到了很多非常善良的人。他们都给予过亚当斯很大的帮助，就算亚当斯用一辈子的时间，可能都无法偿还这笔人情债务。

这五个人的人情，是亚当斯即使用自己的生命都无法还清的。伊瓦茨就是其中一位，在亚当斯最困惑和无助的情况下，伊瓦茨向亚当斯伸出了援助之手，帮助亚当斯度过了人生最灰暗的时光。

亚当斯在伊瓦茨先生的帮助之下，坐上了火车，并且在第十四街区有了一间非常舒适的房子。亚当斯非常感谢伊瓦茨先生为自己所做的一切，他一直居住在这里，直到自己找到新的住处为止。

亚当斯有了安定的住处之后，就马上开始着手为自己的事业做准备。首先，亚当斯需要结交一些关系。

这里面最关键的人脉当然是现在的总统先生，伊瓦茨先生带着亚当斯来到白宫，这是非常官方的一种见面，就像是总统与大臣的一种见面。亚当斯没有从中受到任何教育，只是感觉很有距离感。

现在的国务卿没有变，亚当斯一有时间就去找苏亚德先生聊一聊。但是，这应该是苏亚德先生执政的最后一段时间。

在离职之前，亚当斯邀请苏亚德先生来到自己的家中，希望可以一起吃一顿晚餐。苏亚德应约而至，并和亚当斯聊了很久。最终，亚当斯隐约记得苏亚德的最后几句话，一切仅仅是消遣和娱乐。

后来，苏亚德辞去了自己的职务。他是亚当斯的盟友，但是，他离开了仕途，亚当斯只能依靠自己的力量，让自己变得强大起来。

局势一天天发生变化，伊瓦茨也面临自己的困境，在一个新的案子中，伊瓦茨需要明确自己的辩护方向，并希望亚当斯能够为他解困。因为，他需要别人的帮助，使自己的思想更具说服力。

亚当斯认为，这是对自己的鼓励，但是，他并不认为自己可以胜任这个委托。同时，对于伊瓦茨先生的观点，亚当斯本人并不赞成，还提出了反对意见。

其实，伊瓦茨先生本人也并不是十分坚持这样的观点，也认为观点中存在纰漏。对于这件事情，亚当斯认为其本身的政治韵味要大于其中所包括的法律意义。这个看法，也给了伊瓦茨先生一定的帮助。

有些事情的发生让亚当斯有点意想不到，也让亚当斯很开心。就是在这个时候，亚当斯遇见了查尔斯·萨姆纳，他并没有计较之前发生的一切，而是很热情地与萨姆纳打招呼。

萨姆纳没有想到，亚当斯会与自己再修前缘，十分开心，中断了多年的友谊也重新开始。萨姆纳那年已经57岁了，亚当斯很想回到从前，再一次享受之前的时光。

对于萨姆纳来说，现在的亚当斯对自己一点用处都没有，他仅仅是一个评论家而已。但是，即便如此，亚当斯也可以用他的笔对自己的政权造成影响。

亚当斯并不认为，可以和萨姆纳恢复到以前的那种关系，可是，让亚当斯意外的事情发生了，萨姆纳竟然主动要求和亚当斯修补破损的关系。

同时，萨姆纳还为亚当斯准备了精美的晚宴，希望亚当斯可以到家中一聚。而且，他还让亚当斯到自己的书房翻看文件和材料。这些都让亚当斯十分惊讶，尤其是翻看书房的文件和资料。

亚当斯在英国待了七年之久，但是，这么长的时间，亚当斯也没有懂得英国的社会。现在，他重新回到美国的国土上，并开始自己新的工作。他在伊瓦茨的家中，徘徊和回想着自己经历的每一件事情。

亚当斯告诉自己，应该将自己的过去埋藏起来，让自己朝着未来发展。现在，他所要做的就是要和那些议员进行交流，了解他们每一个人说话的方式。这也是他的工作，他很喜欢这份工作。

议员没有什么特别之处，但是，他们的休息室却总是那么热闹，就像在上演非常好玩的戏剧。亚当斯对这里所有的部门都非常了解，了解程度甚至胜过那些所谓的政府官员。

社会在不断发展，政府也渐渐减少了对社会的干预，但是，这似乎并没有给社会带来生机，反而使社会变得更加混乱。

» 【亨利·亚当斯的教育启示】

人际关系非常重要，在这个信息泛滥的时代，它为孩子提供了更快更准确的资讯，可以促使孩子更快地适应社会。

具备良好的社交能力，既能帮助孩子正确认识自己，又能让他们学会处理各种，获得更多的人脉关系，促使他们走上成功。因此，父母应该注重培养孩子良好的社会交往能力。

28. 兴趣爱好是孩子的快乐源泉

亚当斯到了马里兰州，这里的一切对于他来说都是陌生的，让他感觉到失落以及紧张，甚至不知道该怎么办。虽然这里的一切是美好的，但是，亚当斯没有办法欣赏这里的美景，他的心情已经跌至了冰点。

华盛顿依然是那样的拥挤和不堪，到处都是在道路中寻找工作的年轻人。和他们比起来，亚当斯稍微有点优越感，毕竟自己现在也算稍微有点名气了。

亚当斯还是想成为一名记者，但是，他并不想让自己加入正规的报社中。他找到自己在报社的朋友，想听听他们对现在新旧政府更替的意见。但是，没有人知道这方面的消息，就连议员现在也什么都不知道。

华盛顿是美国的首都，很多年轻人都希望来到这里寻找自己的梦想。而发展中的华盛顿，的确需要很多人为之付出，也为很多人提供了工作岗位。但是，并不是所有的人都可以在这样的城市中生存下来。

亚当斯也想起，自己曾经在英国社会生活的日子。那时，自己没有得到任何支援和帮助，仅仅就是一个小小的外交人员。

在美国，亚当斯可以很容易地生活下来，他用自己的经验和时间，为自己换来了生活下去的资本。相对于英国来说，这里的一切都是那么的可爱和善良。

对于华盛顿，亚当斯没有任何感觉，唯一的感觉就是无知。这里的人没有任何知识涵养，无论是妇女还是孩子，知识早已成为被他们遗忘的领域。

虽然这里没有任何特色，但是，亚当斯却感受到了开心和快乐。

这里的一切都给亚当斯以舒适的感觉，他曾经所接受的那些教育也仅仅是之前的，与现在没有关系。

亚当斯在华盛顿已经待了很长时间，但是，仍然没有找到任何一份职业，也没有人愿意为亚当斯的劳动付出酬劳。亚当斯并不是为了报酬而工作的，一切都源于他的喜好，他从中得到了快乐，这就是最好的酬劳。

亚当斯就像一个画家一样，画家不会因为自己的画没有人买，就停止画画。亚当斯也是如此，他会一直朝着自己的梦想前进。

但是，亚当斯很满意自己现在的状态，所有的人都会帮助他，他也得到了来自政府的很多帮助，这对亚当斯来说是最大的鼓励。

在这个过程中，亚当斯学到了很多东西。虽然亚当斯辛勤工作了一年，政府才仅仅给了他 900 美元的工资，但他还是感觉非常开心和幸福。

亚当斯在写作，在做自己喜欢的工作，这个工作比让他看所有的名著都开心。在创作的过程中，亚当斯找到了自己的价值，也有了自己的奋斗目标。这里的一切都让亚当斯有了足够的前进动力，他不是为了取悦别人，而是在帮助别人认清现实的状况。

亚当斯曾经用几个月的时间研究美国的经济状况，并最终写了一篇长篇论文。他将这篇论文寄给自己在英国报社的朋友，并让朋友帮助自己将这篇文章发表出去。

朋友认为亚当斯写得很不错，并最终帮助他在自己的报纸上发表了这篇文章。这篇文章发表后，在美国社会也引起了一定的关注度，但作者并没有引起大家很大的关注。

亚当斯在完成这篇著作后，就着手开始进行自己的下一项活动。他准备以《北美评论》作为主要阵地，希望在报纸上开展一场关于政治事件或者政治问题的评论活动。这并不是亚当斯自己想出来的方针，而是剽窃罗伯特·塞西尔勋爵的思想。

这是勋爵曾经在英国的杂志上所开展的一场评论活动，亚当斯完全将其照搬到美国来，并且没有进行任何的修改。亚当斯希望将这个活动办成一个长期的活动，可以每年都对当年的政治事件进行评论和研讨。

同时，这些评论开展所需要的文章，则由亚当斯一个人完成，亚当斯绝对有这样的能力完成这个事情。无论是亚当斯的文字功底，还是亚当斯在美国政治界的人脉，都决定亚当斯可以很出色地办好这项工作。

亚当斯在脑海里想这些事情的时候，内心也变得非常激动，他终于可以在自己喜欢的领域里展示自己的才华和能力了，这是他梦寐以求的事情。

亚当斯不在乎大众是否会喜欢这些内容，他自己非常清楚，当这种活动一旦确定下来，必将引起巨大反响。这远比一般的报纸，或者哪一位政要的演讲稿，都更加有意义。

当所有的一切都在亚当斯的脑海中形成的时候，亚当斯就准备将其付诸实施。亚当斯很快将这些内容整理好，并选择报社进行刊发。

但是，由于篇幅太长，无法在一份报纸上进行刊发，所以亚当斯又选择了一家名为《文官制改革》的杂志，将自己的文章分别发表在《北美评论》和《文官制改革》上，两本杂志共同完成了亚当斯的第一次政治评论活动。

评论的内容都是非常真实的政治事件，亚当斯不知道有多少人看了这些东西，也不知道有多少人关心这些东西。这一切，他都没有办法了解。

作为媒体从业人员，他们应该服从总统的指令，并帮助总统制造社会舆论反对参议院。无论他们自己心中的想法是什么，这就是他们应该做的，他们必须站在总统这一边，帮助总统赢得舆论的导向。

亚当斯也没有选择，他应该按照趋势前进，不能有自己的个人意见。但是，亚当斯认为，美国随时都应该进行一场斗争。

对于议会选举，亚当斯认为应该让行政部门夺得大权，并最终成为议会的主人。他不知道应该如何进行这些，只知道政治必须向这样的方向发展。否则，美国早晚也要发生斗争。

这是亚当斯的想法，他想去国会看一下，看看政治是否按照自己想象的那样发展。他一个一个看着内阁成员的名字，希望从这里面分析出内阁未来发展的动态和方向。

随着内阁成员的逐渐明朗化，亚当斯不再对政治改革抱有任何幻想，他也不想再谈论自己有关政治改革的想法，一切已经没有任何意义，至少在这一代人身上不会出现政治变革。

亚当斯不知道自己可以向哪个方向前进，他再一次失去了自我，没有任何选择的余地，他只能按照自己之前的思维前进。

在一个非常巧合的机会下，亚当斯认识了一个叫巴多的人。因为他们一同住在同一个屋檐下，并且经常在一张餐桌上吃饭，渐渐地，他们成为非常好的朋友。巴多非常善于和他人进行斡旋，但是，他却是一个非常友好的人，也十分愿意帮助他人。

巴多是格兰特总统的拥护者，也是总统多年的追随者。现在，巴多是一家报社的编辑，他的工作主要是帮助总统先生赢得社会舆论的支持，并会根据夫人的指示，写一些总统希望民众看到的内容。

所有的这些对于巴多来说，都是非常开心的事情，他也非常乐意为总统做这些。同时，巴多是一名非常资深的军事评论家，他的描述也非常到位，语言十分细腻。

后来，巴多还将亚当斯带到了白宫，见到了格兰特总统。这一次见面是亚当斯唯一一次在白宫见到这么多总统的画像。亚当斯不需要对这些总统进行评价，历史会给每一位总统非常公正的评判。

但是，对于格兰特总统，民众的看法却很不一样，亚当斯不想发表自己对这位总统的任何看法，也不愿为自己增添无谓的麻烦。亚当斯知道在政治场合中，自己所发表的观点越少，对自己越有利。

美国社会在不断变化和发展着，对于现在的社会，亚当斯并不认为这样的社会适合自己。社会上的所有人都是那么崇拜格兰特总统，但是，亚当斯却没有这样的想法。可能，亚当斯更应该回到原始社会，回到洞穴中寻找自己的生活。

这届政府成员，并不都是那么糟糕，还有很多人是亚当斯非常喜欢和乐意交往的朋友。比如国务卿费什先生，在亚当斯眼中，这是一位非常友好的国务卿，所有的人也都非常喜欢他的处事方式。

亚当斯看不到自己的任何优势，也不知道自己身上有什么出众的地方，更不知道是什么原因，让费什先生愿意和自己做朋友——这份友谊持续了很长时间。

对于政府和总统，任何人都不会提出反对意见。至于亚当斯，他一直在寻找一个能够帮助和支持自己的政府组织，希望自己的能力得到释放。他感觉自己就像是一件廉价的商品，希望得到有眼光的买家的赏识，并为自己提供就业的机会。

亚当斯一直在寻找，希望可以出现这样的机会，但是，亚当斯很不幸。在漫长的等待中，还是没有等到属于自己的机遇。可能由于他的想法过于先进，也可能由于他的思想太超前，很难有人真正理解他。

» 【亨利·亚当斯的教育启示】

孩子有了兴趣，就有了动力，思想就会集中，精力自然充沛，就有了不达目的不罢休的劲头。因此在兴趣的带动下，孩子容易走向成功。

孩子通常有多种兴趣与爱好。有些小时候的兴趣可能转化为其一生所从事的行业，因此父母要尊重和支持孩子的爱好，孩子才能在体验快乐的同时把感兴趣的事情做得更好，取得突出的成绩。

29. 鼓励孩子勇敢追求事实的真相

亚当斯回到了昆西市避暑，就在这段时间里，发生了一件非常重大的事情，甚至震动了政界。杰依·高尔德在这个时候竟然垄断了黄金。这其中必然包含很多不为人知的秘密，没有人知道到底发生了什么。

在昆西度假的查尔斯和亚当斯，听到了这件事情，都表现出了兴奋，这种感觉甚至比杰依·高尔德控制黄金时还要兴奋和快乐。

他们希望去调查这件事情，并且了解事情发生的原因。这对于两个人来说，就是在冒险，他们可能会遇到很多麻烦和困难。可是，这一切都无法阻挡他们。

很快，兄弟俩开始做自己的事情。查尔斯开始翻查所有有关铁路的信息和内容，亚当斯则开始从政界着手调查黄金案件，经过长时间的努力，他们已经梳理出事情发生的大致状况，也明白了一些表面的情况。

但是，还是有很多事情需要进一步的分析和调查，才能得出准确的结论。

亚当斯来到了华盛顿，希望可以从议员口中得知一些消息。因为这件案件毕竟涉及美国政界，他担心会受到政府的阻挠。事情发展得十分顺利，官方十分愿意将这些消息公开，亚当斯很容易就得到了自己想要的信息。

政府提供的内容向来都是十分官方的，而且不可能将所有的资料都提供出来，只能提供一些没有任何说服力的证据，这些资料会让人感觉非常困惑。

但是，即便所有的一切都存在问题，亚当斯也还是非常想知道，到底是否真的存在一些别的事情。

这个时候，所有的人都担心，怕媒体询问自己事情发展的状况。亚当斯也知道自己现在已经知道了太多的东西，这样不会对自己有任何好处。

亚当斯知道，杰依·高尔德是一个十分狡猾的人，他已经将自己所有的亲信，都安排在了总统的身边。

曾经那个志向远大，想要在媒体界有一番作为的亚当斯，那个混迹于英国外界的小小外交人员，现在开始了自己新的方向。

亚当斯似乎有着非常充沛的精力，并且希望可以通过自己的能力去推翻一个无能、腐败的政府。这是亚当斯的真实想法，也可能是他对政府太失望导致的。

亚当斯想进入政府，为政府进行服务，并且希望自己可以进入财政部。但是，亚当斯失败了。因为，布特韦尔先生并不需要任何人的帮助，也不希望为他的部门再增添任何冗员。

亚当斯也不可能进另一个党派进行服务，那里并不是亚当斯家族的派系，自己也不愿意进入他们的行列。就在亚当斯无助的时候，国务卿费什先生向亚当斯发出了邀请，希望亚当斯可以进入国务院来工作，这对于亚当斯是极大的鼓励和支持。

亚当斯也希望能将自己打造成费什先生的追随者，可以帮助费什先生塑造在人民心中的形象。但是，亚当斯并不希望自己又做出错误的选择，更加不想让发生在 1861 年的事情再次上演。

这一次，亚当斯清楚地知道，萨姆纳和费什先生是非常亲密的盟友，他们之间的关系是非常和谐的。

在再次确定这样的关系之后，亚当斯才放心地接受费什先生的邀请。因为，亚当斯也不相信自己会再次陷于国务卿和议员的争斗中，这对任何人来说都是一个讽刺。

亚当斯从来都不知道自己在政府中到底处在一个什么位置，也不知道自己应该怎么做，为谁尽职。从道理上讲，亚当斯应该是费什先生的党羽，为他效力。可是，费什先生很少管理这些事情，也很少露面。

无论对谁，费什先生都十分友好，但是，他本人没有任何政治雄心，也不追求政策上的竞争。格兰特是一个很有想法的总统，但亚当斯无法接触到格兰特，也不知道怎么做才能为总统效力。

可是，萨姆纳却是非常让亚当斯恼怒的一个人，他不喜欢萨姆纳做事的方式，在工作中，萨姆纳更多的是命令，而且没有任何商量的余地。

萨姆纳实行了一个更令人吃惊的行动，就是从英国人手中争夺关于加拿大的所有权利，这是多么让人震惊的消息。亚当斯不知道发生了什么，为什么会出现这种事，也不知道费什先生是否知道这件事情。这件事情是一件外交大事，也关系到美国的未来。

所有的一切都在迷雾中，格兰特总统并没有停止内阁的工作，所有的人都在按照自己原有的轨迹活动。作为一个在英国经历了七年外交生涯的人，亚当斯知道这件事情并非这么简单，他似乎知道了一些事情。

在与萨姆纳的对话中，亚当斯也感受到了萨姆纳的计划。如果这个计划实施，可以证明萨姆纳的确很伟大。但是，一切似乎并不是那么顺利。

费什先生公开阻止了一切，与萨姆纳的关系也因此降到冰点。萨姆纳在亚当斯心目中是一个近乎疯狂的人，他竟然会跟两任总统和国务卿发生争执。这是任何一个理智的人都不会做出的行为。

这一切在 1870 年甚至演变成了一场巨大的风暴，这对于任何人来说，都是不愿意看到的情况。这个时候亚当斯已经离开了政府部门，因此没有被卷入这场斗争中去。

当亚当斯再一次回到华盛顿的时候，却被迫进入了另一场争斗中。亚当斯回来是想帮助行政部门对抗参议院的。可是，一切似乎并没有想象中的美好，亚当斯被迫要去肢解他认为根本不需要肢解的部门，就是最高法院。

这样的行为让亚当斯十分为难，他也不愿意参与其中。没有任何办法，他只能随大众做这些事情。但是，他很明白，法院永远是他可以依附的最后一片圣地。

» 【亨利·亚当斯的教育启示】

孩子的辨别能力有限，很容易被表面的事物所迷惑，父母要帮助孩子拨开事物表面的迷雾，让孩子看到事情的真相。

同时，父母还要培养孩子的辨别能力，使他们不被表面的现象吓倒。尤其是在遇到困难的时候，一定要看到问题的真相所在，这样能避免很多问题。

30. 把自己的力量贡献给社会

亚当斯的朋友弗兰克·沃克和亚当斯持一样的观点，他们都希望能够给予法院帮助，沃克也希望为《北美评论》写一篇关于论述法定货币的文章。

要写这篇文章，需要很多的相关资料。幸运的是，他所需要的很多资料都可以在斯波尔出版的书中找到，这为写作提供了很大的帮助。

同时，在政府中，国务卿雅克布·考克斯是属于改革派的，在布特韦尔的手下，他曾经救出过很多有能力的人，沃克就是其中之一，他让沃克帮助自己去完成人口统计工作。

因为这份工作，沃克没有更多的时间去完成《北美评论》需要的文章，他将自己总结的资料和掌握的内容都告诉了亚当斯，希望亚当斯可以帮助自己完成这项工作。

这项工作对于亚当斯来说并不困难，他曾经对英国银行的研究也终于有了用武之地，可以很出色地完成这项工作。在很多人的帮助下，亚当斯最终完成了这篇文章，并将其刊发在《北美评论》上。

这篇文章十分具有影响力，是用亚当斯的笔锋将沃克的思想表达出来，没有了沃克的张扬。但是，这篇文章还是一面世就引起了巨大风波。

随后，亚当斯又在《北美评论》上发了另外一篇文章。这是一篇关于议会会议的文章，里面结合了很多真实的案例。

在亚当斯看来，这篇文章融合了他的很多知识，写得非常到位。无论多少年后，再重新审视这篇文章，亚当斯依然认为这是一篇极佳的作品。

从1869年到1870年，这是亚当斯作为一个小小的新闻媒体人评论议会政治的最后一段时间。换句话说，这是亚当斯留给大家的最后一篇关于政治评论的文章。

亚当斯不想再这样继续下去，因为他知道自己的力量非常微小，即使继续下去，社会也不会有任何的改变。

亚当斯又有了新的职责，他受戴维·韦尔斯的委托，要研究税费改革的相关事宜。这让亚当斯十分开心，也很乐意进行这项工作。亚当斯从来没有在一项工作中投入如此高的热情。

不仅是亚当斯，还有亚当斯的其他朋友，他们都在工作的过程中，感受到了属于自己的快乐和幸福。亚当斯认为，自己远远比费什先生或者萨姆纳先生要开心得多，因为亚当斯获得了自己想要的东西，并且可以做自己想做的事情。

当亚当斯完成这件事情之后，他去了林区，去那里感受自然的美妙。他透过林区观看远处的国会大厦，更加感受到自己此时的快乐和兴奋。

在所有的一切结束后，亚当斯完成了自己有关黄金案的一切工作，并只身前往英国伦敦。他之前本想将自己写好的关于黄金案的文章交给自己的朋友亨利·里弗，并希望将这篇文章在《爱丁堡评论》上进行发表，但他没有这么做。

伊利湖丑闻已经让所有人到了厌倦的地步。对这些管理者进行批判，最好的地方就是英国。英国社会的透明度要远远高于美国，这是一个真实的情况。同时，将一篇文章发在英国报纸上，要比在美国报纸上引来更多的关注目光。

所以，亚当斯来到了英国，就是希望通过英国媒体的力量，帮助自己刊发文章。亚当斯并不在乎稿费或者版权问题，这些一般都在他忽视的范畴之内。

» 【亨利·亚当斯的教育启示】

作为父母，要从小培养孩子的奉献之心。在小的时候，可以鼓励孩子为家庭和班级作贡献，长大些，可以让孩子为社会作贡献。

即使孩子的能力很有限，当他做出了一定的贡献后，父母也要表扬孩子，帮助孩子提高能力，树立自信，增强孩子的奉献意识。

31. 直面生老病死，摆脱恐惧困扰

这是 1870 年的一天，亚当斯再次回到了伦敦，这里的一切都给他一种熟悉的感觉。亚当斯曾经在这个地方待了 7 年，现在他又回到了这里，一切的记忆也都浮现在他的脑海里。无论是伦敦还是欧洲，都没有发生巨大的变化。

回到伦敦，亚当斯并没有马上开始自己的工作，而是尽情地放松自己。亚当斯并不想将自己安排得非常忙碌，只想自己安静地享受一阵子属于自己的时光。

如果亚当斯不是出生在亚当斯家族，从小就接受政治的熏陶，可能他不会选择现在的道路。也许，他可能成为一名银行家，或者成为其他的某些人。但是，现在亚当斯无法选择自己的道路，只能这样不断前进。

亚当斯认为，自己已经可以在社会中生存，并且可以很好地面对一切。亚当斯非常希望将自己的思想告知这些政府官员，帮助他们进行社会管理。亚当斯也希望将这些内容进行整理，以供在未来发表。

但是，所有的一切都被一个人打断了，他就是弗兰克·帕尔格雷夫。因为，拿破仑三世已经发出了威胁，要跟德国开战。这让帕尔格雷夫非常激动，他认为两个国家一定会打仗，并且一定会使整个欧洲发生巨大的变化。

亚当斯却不这么认为，他也不认为两国之间会发生战争。帕尔格雷夫总喜欢把所有的事情都想得非常极端，没有任何回旋的余地。

紧接着，亚当斯又迎来了第二次变故。可能是因为他的论文从来没有被退回过，所以这一次也对亚当斯造成了一定的影响。亚当斯将自己关于黄金案的文章交给了朋友里弗，但是却被朋友退了回来。

因为这篇论文涉及了非常多的名人、政要，一旦发表出来，就会影响里弗的前途。所以，里弗并不愿意帮助亚当斯发表这篇文章。亚当斯却不这么认为，他和他在美国的朋友，每一个人都是在冒着巨大风险在《北美评论》上发表论文。他们没有一个人害怕，但是，里弗却为了这些虚名而不愿意发表自己的文章。亚当斯十分不理解，仅仅是一个故事，就将《爱丁堡评论》和自己的朋友吓成这个样子。这一切都让亚当斯对英国人的行为极其不满，他也开始重新审视英国人。

这一次拒绝并没有对亚当斯造成很大影响，他也不想给自己的朋友增添不必要的麻烦。于是，亚当斯将自己的这篇文章发送到另外的杂志社。

没过多长时间，亚当斯的文章再一次被打了回来，亚当斯非常奇怪，他不认为自己写的东西非常差，也不觉得自己的语言功底有问题。

所以，亚当斯只能认为是英国人自身的思想和他们过多的顾虑而造成了这样的结果，这也让亚当斯认识到，当自己需要别人帮助的时候，所有的英国人只会给他一个背影。

事情发展到这一步，就只能让他去寻找极端的道路。就在亚当斯不知道拿自己的文章怎么办的时候，又发生了另一件事情，促使他必须立刻去处理。在这之前，亚当斯将自己的文章邮寄到《威斯敏斯特评论》，这是他的最后希望。

另一件事情是这样的，亚当斯接到了姐夫的电报，说姐姐不小心从出租车上摔了下来，希望亚当斯可以马上赶到巴格尼迪鲁卡。亚当斯看见这张电报，立刻放下所有的事情，用最快的速度赶到了巴格尼迪鲁卡。

当看见姐姐躺在病床上时，亚当斯非常难过，却不能为姐姐做任何事情。在此之前，亚当斯的姐姐因为一次意外灾难而一直生活在破伤风的折磨中。但是，她并没有被病魔打垮，而是非常坚强与乐观地面对自己的人生。

这也让亚当斯感到安慰，可是，命运却再一次戏弄了姐姐。这一次意外让姐姐的身体受到了严重的伤害，她的肌肉开始一天天地萎缩，一直到生命的尽头。亚当斯看着姐姐受着疼痛的折磨，比姐姐更难过。

就这样，姐姐因为无法医治而最终死亡。这对亚当斯来说，是个巨大打击，以至于他很久都没有从伤痛中走出来，也不知道应该如何面对自己未来的道路。

亚当斯是一个理智的人，他用道理来说服自己。他告诉自己，这一切都是人类发展的自然规律，生老病死都是正常的。他也感觉到死亡让人恐惧，让人在折磨中逐渐失去自己的意志。

亚当斯的思想无法解脱，他也不想回到伦敦。于是，亚当斯和朋友一起去别的地方旅行，希望可以让自己能够从悲伤中走出来，可以重新面对自己的生活。他们在外地逗留了一段时间，希望可以重新感知世界，面对人生。

当他们回来的时候，一切都发生了变化，欧洲大陆发生了战争。所有的人都不知道谁会成为最后的胜利者，亚当斯仅仅是想谈论法国未来的变化，有多少人会相信他的话？

亚当斯很快回到了英国，在这里他找到了自己的临时居住地。那是一个修道院，里面仅有几个神父。亚当斯的朋友米尔尼斯·加斯凯尔就是这个修道院的主管者，亚当斯在这里享受着自己宁静的生活。

这里没有外界的任何喧哗，也没有任何不属于这里的声音，一切都是那么和谐。亚当斯静静地躺在院中的草坪上，看看地上散乱的报纸，享受着难得的休闲时光。亚当斯知道，他应该让自己与时代保持一致的步伐。

» 【亨利·亚当斯的教育启示】

恐惧是孩子在真实或者想象的危险中，内心深刻体验到的一种强烈压抑的情感状态，处在这种危险之中的孩子神经高度紧张，内心充满着害怕与恐慌。

面对生老病死，孩子很容易害怕。父母要通过扩大孩子的视野，提高孩子的认知，才能帮孩子认识恐惧的真面目，使孩子逐渐告别恐惧。

32. 让孩子不断尝试接触新鲜事物

亚当斯在温洛克的时候，收到哈佛学院院长艾略特先生的一封信，信中讲明，希望亚当斯可以去哈佛担任历史系教授的职务。同时，艾略特先生也表示，还有很多人记得亚当斯。

这对亚当斯来说，是极大的赞美。亚当斯非常感激哈佛学院对自己的认可，但是，亚当斯十分好奇，为什么院长会找自己去当历史系的教授，因为他对历史没有任何研究。

于是，亚当斯给艾略特先生回信了，他非常感谢院长对自己的认可。但是，他又提出，自己的能力并不能够胜任历史系教授的职务。同时，他还有很多其他事情需要进行。就这样，亚当斯婉言谢绝了院长的邀请。

对于这次伦敦之行，亚当斯仅仅是想为自己找一点乐趣，并且希望认识一些新的朋友，还有就是想将自己的论文发表出去。可遗憾的是，亚当斯所希望的事情没有一件实现的。

没有报社愿意发表亚当斯的文章，他也没有得到任何意外的收获或者培养新的人脉。亚当斯再一次坐上了返程的轮船，他思考自己是否要为自己找一份正式的工作。

但是很快，亚当斯就打消了这样的念头。他还是想做一个自由职业者，为一些报社写一些文章或者评论之类，这是最让他满意的工作。

当亚当斯回到美国之后，一切都超出了他的想象。亚当斯在去伦敦之前，在《北美评论》上发表了一篇关于美国议会会议的文章，这篇文章在美国国内引起了巨大的轰动。

亚当斯的文章并没有标明自己服务的群体，但是作为一名民主党人，民主党内部已经将亚当斯的这篇文章进行印刷，并在自己党内进行宣传和研读。

这是对亚当斯的肯定，也意味着亚当斯在党内已经拥有了自己的一席之地，可以任意发表自己的观点和言论。

作为共和党代表的马西·豪威尔，有一次在演讲中对亚当斯的看法进行了批判。但是，他同时也肯定了亚当斯的才华，表示了对亚当斯的敬意。

亚当斯非常享受自己在华盛顿所获得的一切成就，这些都是他曾经非常想要的东西。现在，这一切已经摆在了他的面前。亚当斯看到这些荣誉时，也感到一些小小的自豪。

也就在这个时候，亚当斯曾经寄出去的文章在《威斯敏斯特评论》上发表了，就是曾经的黄金案。这让亚当斯更加开心和满足，他的文章也被更多人引用和转载。这就意味着很多人看过他的文章，并赞同他的观点和看法。

虽然，亚当斯在这个过程中没有得到任何报酬和感谢，但是，亚当斯的内心已经非常满足了。他不需要别人给他更多的感谢，或者祝贺，或者金钱，他已经得到了最想要的结果。

就在亚当斯尽情享受这一切的时候，家人将亚当斯带到了另一条道路上。这是上一次父亲介入亚当斯的选择之后，家人第二次介入亚当斯的选择。

所有的家人都希望亚当斯可以进入哈佛当教授，认为这样不仅可以让亚当斯的生活稳定下来，而且还可以使他自身的地位和能力得到提升。

尤其是亚当斯的哥哥查尔斯，他认为亚当斯现在需要这样一份稳定的工作，而不是继续在华盛顿漂泊。大学的工作可以让亚当斯在评论界更加有分量，亚当斯需要有一个大学作为依托。

在《北美评论》上做文章需要有这样的虚名帮助亚当斯，这样才能提升亚当斯自身的影响力和公信力。也就是说，亚当斯真的需要接受哈佛学院的邀请，进入大学工作。

亚当斯对哈佛学院非常熟悉，毕竟自己是这所学院毕业的。他了解学院的每一个机构，也知道自己即将供职的历史学院是由格雷教授领导的，也就是格雷教授希望聘请自己成为历史系教授的。

亚当斯的工作主要是教授中世纪史学以及进行评论，亚当斯自己并不知道这两者之间的关系。他从来没有进行过任何教育工作，自己也不知道如何进行教育，更何况是中世纪史学。

亚当斯认识一些历史老师，这可能是与这门课最接近的地方。其他的，亚当斯真的没有更多的了解。

亚当斯来到哈佛，找到了学院的院长，进行了非常官方的谈话。在这些谈话结束后，亚当斯不解地问院长，为什么选择他当历史系教授，他并不认为自己可以胜任这样的职位。因为他没有对中世纪的历史做过任何研究，也没有更多这方面的知识。

对于亚当斯的提问，院长并没有感到惊讶，他反问亚当斯，是否可以推荐一个比他更适合的人选，只要亚当斯可以说出来，就一定让他来教授这门课程。

亚当斯在大脑中想了一圈，并没有找到其他人选。院长已经表示了自己的观点，亚当斯也无须再在这个问题上纠结，这样没有任何意义。

就这样，亚当斯的人生发生了改变。他将自己再次拆分开来，让自己可以从事教育工作。虽然这项工作并不是亚当斯喜欢的工作，但是，所有的人都要求亚当斯接受这个工作。

亚当斯不知道未来会是什么样子，也不知道自己这样做，会对未来造成怎样的影响。所有的一切都是未知的，也是不可预料的。亚当斯已经走到人生的十字路口，他必须为自己的未来做出抉择。

但是，在亚当斯看来，在所有的道路中，并没有一条是按照自己的意愿发展的。无论选择哪一条，都不会出现更好的结果，不可能让他在华盛顿取得更大的成就。

亚当斯想，或许自己应该尝试做一些新的事情。尽管自己并不知道这样的选择是否有利于自己的发展。

亚当斯违背自己的意愿来到哈佛，也希望在这里获得知识。哈佛对他的认可，也让亚当斯对自己的行为更加自信。不仅是哈佛，就连《北美评论》也曾经将自己的版面任由亚当斯处置。

《北美评论》并不是一般的期刊，它在美国的影响力超过所有期刊，排在第一位。由此可见这本期刊的重要性，从中也可以看出亚当斯的价值。尽管没有支付给亚当斯任何金钱，但是，这也足以让亚当斯感到自豪。

哈佛学院与《北美评论》不同的是，它们会支付给亚当斯应得的工资，并且金额也让亚当斯感到十分满意。同时，在社会中，哈佛享有比政府更重要的社会地位，能得到所有人的尊敬和敬仰。

对于知识方面，亚当斯并不知道自己可以再获取多少。但是，亚当斯知道，一定会比在政府部门工作收获更多的知识。

可是，这时新的疑问又出现了，既然亚当斯具有这样的能力，连哈佛都愿意出薪水聘用亚当斯，为什么政府部门却不需要不要任何报酬的亚当斯呢？

亚当斯自己也无法回答这个问题，所以，他只能在自己选择的道路上继续前进。

哈佛已经肯定了亚当斯的价值，并愿意为亚当斯的价值付出相应的金钱补偿，亚当斯也无须再纠结于政府。

事实上，华盛顿并不是非常美好的地方，那里充满了丑陋与血腥，没有任何人可以在那里很好地生存。

这从一方面表现出了美国人的凶残，另一方面也暴露了美国人的无知和庸俗。这就像是一个在研究人类学的学生，他本来希望让自己研究人类的发展及文明。可是，当学生真正开始的时候，却让他感到难受和无望。

因为，人类的无知和丑陋已经让他失去了研究的动力和勇气，他也不愿意再继续研究下去。他已经对一切产生了厌恶情绪，根本不可能在自己的工作中寻找到快乐。

» 【亨利·亚当斯的教育启示】

在熟悉的环境中，孩子很容易有一种安全感，但是在面对新鲜事物的时候，需要打破原有的思维，这个过程无疑是痛苦的。

但是，如果不去接触新鲜事物，孩子就很容易与时代脱离。所以父母要鼓励孩子接触新鲜事物，保证孩子能拥有一个美好的未来。

33. 不断更新教育观念，不断改进教育方法

亚当斯来到了哈佛，他开始追忆自己第一次来到哈佛的场景。当时，亚当斯还是一个孩子，仅仅只有 9 岁。

当时，亚当斯是和母亲一起来哈佛的，为的是看望自己的姨妈艾弗利特。当时是冬天的一个下午，天气非常寒冷。他和母亲在院长办公室见到了姨妈，因为姨妈当时就是哈佛的院长。姨妈热情地接待了亚当斯和他的母亲，亚当斯对此记忆非常深刻。

当亚当斯谈好一切之后，他开始正式在哈佛入职。

亚当斯向哈佛的工作人员询问，原来的院长办公室是否有其他用途。工作人员告诉亚当斯，学院正在为原来的院长办公室寻找买家，如果亚当斯愿意，现在就可以将它租下来。

亚当斯没有犹豫，他立刻将姨妈原来的客厅和旁边的房子一起租了下来，楼上就是弟弟布鲁克斯在哈佛学习的时候所住的房间。还有一位讲师住在亚当斯对面，他叫登莱特，非常热爱文学，现在仅仅是哈佛学院的一位普通讲师。

还有其他的一些同事，他们都是相同的人，都教授类似的学问。这就是亚当斯的住宿安排，他对此感到非常满意。

这里虽然不是非常漂亮、华贵，但是，亚当斯已经非常满足，至少这里让亚当斯感觉非常温馨和舒适。

在前期工作都完成之后，亚当斯正式投入到哈佛的教学工作中。他没有一点松懈，他用自己的时间为学生备好下一节要讲的内容，也希望所有学生都能从课堂上学到真正的知识。

　　亚当斯不知道自己的授课方式是否正确，他按照自己的思路给学生教授内容，也不知道学生是否可以听懂。但是，单从备课的角度思考，亚当斯认为十分辛苦，而且有时候他付出了努力，但并没有达到自己预期的效果，这都让亚当斯非常不满意。

　　亚当斯认为，自己是非常无知的，他不知道应该在课堂上讲授一些什么内容，也不知道讲述这些内容的目的是什么。

　　亚当斯只是希望自己的学生可以掌握基本的生活本领，用他们所学的知识在社会的道路上前进和发展。因为，教育是一件非常神圣的事情，亚当斯并不愿意破坏教育在自己心目中的地位。

　　亚当斯希望将历史作为一个认知，一个前车之鉴或者是工具，让学生明白这些道理，不要在自己的人生中犯这些错误，或者是学会在自己的生活中引用其中对的思想。

　　亚当斯希望自己的学生在对历史的学习过程中，都可以找到自己未来的道路和方向，不要和自己一样，没有目标和方向。历史中有很多非常不光彩或者让人非常不愿意相信的事实，没有任何办法，教师可以选择美化历史或者告诉学生虚假情节。

　　这些都是亚当斯没有办法做到的，他不愿意给学生一个虚伪的美化的历史，更不愿意编一些莫名其妙的谎言，欺骗自己的学生。

　　亚当斯希望让自己的学生正确面对人生，正确了解客观事实。他也不愿意让自己的学生去背一些编年史，或者花大量的时间去背诵一些毫无意义的内容，这些都不是亚当斯教授学生的原则。

　　或者，亚当斯可以用一种学说或者理论，帮助自己讲解历史知识。可是，亚当斯并没有找到合适的方法帮助自己进行教学工作。

　　亚当斯需要教会学生记住这些历史上所发生的事情以及日期，这是他的工作，他需要完成这项工作目标。亚当斯并不想因为自己而毁坏了学校的声誉，这也是他最不愿意看到的。

　　在教学过程中，亚当斯只能告诉学生们好好学习，通过学院的考试。只有这样，他们才能到社会上寻找自己想要的真相和真理。

　　在教室，亚当斯只能够回答学生所提出的问题，而不能告诉学生更多的内容。但是，亚当斯想要了解学生的学习状况，他必须实行一种新的教学模式，才能了解每一个学生心目中所想的事情。

亚当斯每次都要对着很多学生讲课，每一次都至少有上百人。这么多学生，要想让每一个学生都学会这些内容，几乎是一项不可能完成的任务。这是一种几个世纪以前的授课模式，但是，现在仍在沿用这种模式对学生进行授课。

这种授课模式完全阻隔了学生与老师之间的联系，也无法让学生从中学习到真正的内容。在学生中，也仅仅有很少的学生可以具有很超前的思维能力，这些学生可以很容易就了解老师所讲述的内容，并会与其他事情产生关联。

但是，多数学生基本处于没有任何反应和任何认知的状态。这并不是在批评某些学生，任何一个学生都应该得到别人的尊重。

亚当斯没有办法将自己的知识教授给所有的学生，他只能选择性地对一些学生进行教授和讲解，他不想所有的学生都处于被动学习状态。

亚当斯认为自己教学的目的应该是为人类的发展做出贡献，并且让学生真正了解这些内容，而不是被动接受自己所讲的内容。

即使十个人中才会出现一个这样的人，亚当斯也愿意为此付出努力，帮助他们成长和发展。就这门课程来说，就连自己也未必可以更好地明白其中的内容，更何况是学生。

亚当斯认为，在教学过程中，不应该过多地责备学生，而应该和学生一起寻找解决问题的途径，一起找到更好的教学方式。

虽然教授历史有很多方法，但是，在实践的过程中却并不是全都有效果。亚当斯是想要学生真正学会这些东西，而不单单只是为了寻找一种方式。

亚当斯没有办法，为了达到最佳的教学结果，他将自己的课程注入在一些形式之内，希望通过这样使学生能够更好地学习这门功课。亚当斯将自己的课程看作是一门法律，最终每一个学生都要学会如何在法律学校中得到更好的生存和发展。

　　由于没有课本，所有的一切都是教师在自行教授，亚当斯也不清楚自己需要讲授的内容，他只是按照自己准备好的教案给学生教授中世纪历史。从人类最初起源开始，然后不断延续和加深，按照历史发展顺序给学生进行讲解。

　　那些可以积极思考并随着老师思维前进的学生，也就成为亚当斯教学方式的实验对象。因为没有课本，亚当斯并不要求学生一定要看与课堂内容相关的历史书籍，他们可以看自己喜欢的历史书籍。

　　在学期期末，亚当斯将所有的学生所掌握的知识进行比较和询问，这就是他的教学方法。亚当斯希望通过这样的方法，可以让学生在大学学到一些自己真正感兴趣的知识和内容。

　　亚当斯在实施自己教学方法的过程中发现，这也许并不是一个非常正确的教学方式。他的目的是希望为每一个孩子找到一个目标明确的未来职业规划，而并不是仅仅让学生学会这些枯燥而乏味的内容，这并不是亚当斯教学的真正目的。

　　亚当斯实验了很多方法，但是，这些方法仅仅是刺激了学生的思维方式，并没有使学生明确自己未来的道路和前景规划。这对亚当斯来说就是失败，这个方法也无法达到学生的预期效果。

　　亚当斯知道，这一切原因都应归咎于现在的教育制度，正是这种制度的制约，使自己没有任何能力从根本上提升学生的水平。

　　就在所有的方法都尝试过后，亚当斯想到了自己曾经在德国所接受的教育。这次教育虽然对亚当斯没有任何意义，但是，却给亚当斯带来了新的教育思想。他做出了新的教学改革，并在学生中间产生了很大的反响。

　　很多学生都非常喜欢亚当斯的改革举措，并对这门课程产生了极大的兴趣。但是，这并没有使亚当斯产生欣慰的感觉，他有时候就会想，自己的做法到底是否正确。

　　亚当斯明白，他所实行的这些举措，并没有使自己满意。对于亚当斯来说，自己在哈佛执教的几年时间，并没有非常好的成效，自己也没有从中得到任何成就感。

这一次，亚当斯将自己曾经认为失败的教育经验放在了学生身上，却得到了意想不到的效果。这让亚当斯十分惊讶，但是，亚当斯仍然没有改变自己原有的态度，他并不认为这是自己成功的表现。

亚当斯不知道自己想要什么，但是，他清楚地知道自己所做的所有事情，没有一件是真正成功的。经过不断尝试和失败之后，亚当斯不愿意再留在学校了。他知道这不是自身的原因，是当代教育制度出现了巨大的问题。

亚当斯不愿意再在学校进行自己的教育实验，巨大的失败感驱使着他必须离开这里，尽管这里所有的人都不认为亚当斯失败，而且对亚当斯表现出来极大的尊敬和爱戴。但是，亚当斯还是选择了离开这所学校。

至少有一样是值得亚当斯欣慰的，就是自己的学生，他的学生让他感受到了很大的价值和意义。他曾经认为哈佛的学位没有任何意义，但是，他的学生用他们的经历告诉亚当斯一个相反的结论。

这也让亚当斯相当惊讶，亚当斯不认为自己的教学方式帮助了学生，他认为自己如果闭上嘴，将是对学生最大的帮助。

亚当斯希望自己的学生可以在人生道路上走得更远，也希望他们可以实现自己的人生价值和目标。由于信念是支撑他们前进的动力，亚当斯便希望自己的学生可以寻找到自己的信仰，朝着信仰的方向不断前进和发展，这也是作为老师唯一可以给予他们的祝福。

亚当斯结束了自己的教育生涯，开始了新的征程。但是，回顾亚当斯所接受的教育，在他自己眼里，自己在小学所接受的教育是所有教育中最没有效果的教育。如果换作是一名编辑，更谈不上任何所谓的教育。

因为没有人给他们时间让他们进行教育，他们要花很长的时间为自己的版面或者赞助寻求出路。同时，他们还要考虑自身的稿件问题，如果他们没有充足的稿件，自己就必须写一份评论来填补稿件的空缺。

所以，他们根本不可能有时间去增加自己的知识或者充实自己。

可是，亚当斯从教的7年时间中，并没有写很多的文章。《北美评论》杂志更多的是依靠亚当斯的哥哥的文章在继续支撑和维系。

亚当斯并不喜欢编辑这份工作，因为编辑更多情况下是在为别人服务，而自己无法从中获取任何利益。

作为编辑，要为自己的报纸生存和文学档次负责。当找不到别人帮自己扩充版面的时候，编辑就必须自己写一些文章，以保证自己的报纸可以按时发出去。

编辑还要帮助自己的杂志寻找广告商的赞助，这是杂志社的主要收入来源。如果一个杂志社长期没有广告商的赞助，那么，这个杂志社不会运行很长时间，因为它没有收入的来源。

如果编辑不能够找到足够多的赞助，那么，这个编辑就是一个十分失败的编辑，也无法获得别人的肯定。

亚当斯并不想在这样的环境中工作，他原来喜欢这样的工作，是因为这份工作可以让他自由地写作。

可是，当亚当斯真的处在这个环境中时，才发现自己并不能接受这样的环境。这里所有的一切都是亚当斯无法接受的，亚当斯仅仅想创作，没有其他任何想法。

作为教授，亚当斯有自己的学生可以和自己进行交流和学习，并不断促进彼此的提升和发展。

然而，做编辑却是孤独的，他没有任何人可以交流，还要为自己的报纸而努力，既要找到赞助，又要保证报社有足够多的可以发表的文章。

相较于两者，亚当斯更加喜欢作为作家的自己，可以写任何自己喜欢的文学和艺术作品，这样的生活是他想要的。同时，亚当斯每个月也有足够的资金帮助自己生活。

当亚当斯了解所有的一切后，也意味着亚当斯并不需要再继续寻找自己的教育。亚当斯已经有足够的能力，决定自己未来的发展方向。

这是亚当斯人生的新起点，他需要重新开始自己的人生，确定自己前进的方向，而这条道路要比原来的道路更好。

　　一切又回到了1870年，这是亚当斯刚刚身兼两职的时候，他在哈佛担任教授，同时还是《北美评论》的编辑。

　　在一次活动中，亚当斯认识了一帮地理专家，他们的社交范围十分狭小，仅仅是在自己的圈子之中。亚当斯将《北美评论》带给了他们，希望这本杂志可以帮助他们认识当前的环境。

　　这一年很快地过去了，亚当斯很好地适应了自己双重身份的工作，并且所有的工作都完成得非常好。

　　他的《北美评论》七月刊被刊登出来，他的工作也都结束了。没有人对亚当斯的工作进行总结和表彰，但是，亚当斯自己已经感觉到了开心和满足。亚当斯感觉到了所有人对自己的尊敬，这让亚当斯获得了更多的自信和幸福之感。

　　在假期中，亚当斯和他认识的地理系的那些朋友，一起去参加了纬度圈测量。当活动结束后，亚当斯再一次回到了自己的学校，开始了自己新一轮的双职工作。

　　亚当斯没有反抗自己的生活，在制度的制约下履行自己的职责，他非常温顺，没有任何反抗的动机，在轨道中向终点的方向前进。

» 【亨利·亚当斯的教育启示】

　　正确的家教理念，可以让父母了解孩子的身心发展特点和规律，并遵循这些规律，对孩子进行正确的教育，使亲子之间的沟通变得更加轻松、容易。

　　所以，父母要积极更新家教理念与方法，避开家教的误区，敏锐地发现并及时消除那些可能对孩子发展产生障碍的不良因素，促进孩子的健康成长。

34. 善于总结，能让你进步更快

从 1871 年开始，亚当斯并没有进行自己所谓的教育，自己的生活也在这段时间进入了另一个征途。

亚当斯开始进行实践，从工作中开始自己新的生活。这是亚当斯工作 20 年后得到的感悟，在自己生命中遇到的所有的人都是那么友善，自己从来没有遇见过十分凶恶或者丑陋的人。

所有的人都善良地对待亚当斯，他们更喜欢礼貌，不喜欢以暴力的方式解决任何纷争。在亚当斯执教阶段，也从年轻人身上看到不一样的行为，获得了新的认知。这些年轻人也时刻以一种包容的心态去迎接自己即将面对的一切，并时刻准备接受指点。

在这段时间中，亚当斯曾经为了自己的生活和梦想做过很多工作。这些工作都给亚当斯带来了极大的教育，可能没有人会停下来想一下，自己做的这些工作是否具有价值和意义。

亚当斯做的这些工作有很多是为别人免费进行服务的，仅仅是因为自己内心想做这些事情。亚当斯也发表了很多文章，自己也不知道这些文章是否会对别人的生活有任何的帮助，只是出于自己的兴趣和爱好将这些文章写好，然后发表出来。

亚当斯看到图书馆中那么多的书籍，就想到了自己，自己发表的文章到底有什么作用。再想一下自己那些画画的朋友，感觉也没有任何的价值和意义，完全是因为自己个人的爱好而进行艺术创作。

通过自己的努力，那些出生在三四十年代的人，有很多已经成为了非常著名的人物。但是，亚当斯还是一位默默无闻的普通市民。他没有任何远大的理想和抱负，仅仅是想按照自己的方式进行生活，并为社会做出自己的努力和贡献。

亚当斯在基本完成自己想做的事情后，就开始享受自己的生活。他非常喜欢自己的生活环境，不愿意和任何人进行交换。

随着时间的推移，亚当斯的年龄也逐渐增长，他已经没有任何力气为别人做什么，只想自己静静地享受自己剩余的时光。亚当斯所一直希望进行的教育在1871年就不再进行了，他认为自己已经不再需要继续进行教育了。

亚当斯的生活也在1890年这一年结束了，一切都按照亚当斯的意愿进行，剩下的时光也就是亚当斯自由享受生命的时光。他只想自由地享受生活在世界的每一天，感受生命的奇妙，这就足够了。

亚当斯已经进入了人生的另一个阶段，似乎一切都很难吸引亚当斯的注意。他想在一个自己没有去过的地方安顿下来，结果，他再一次回到了伦敦。亚当斯一个人孤独地躺在病床上，似乎一切都已经离他远去，没有人记得曾经的亚当斯在英国的场景。

亚当斯的内心多少有些凄凉，一个人在伦敦的寒冬独自躺在医院的病床上。他想起了自己的家乡，想起了自己曾经年少的时候，所有的一切都是那么美好，没有任何约束，自由奔跑在大街小巷。可是，回到现实似乎没有记忆中那么美好，他的心中也不时泛起一丝凉意。

没有任何东西可以重燃亚当斯的欲望，似乎一切都在远去和老去。他一个人寂寞地在床上已经一个星期之久，没有任何人陪伴左右，约翰·拉法格也被迫回到美国，因为他的画室还需要他。

亚当斯也想回到自己的家乡，想回到美国的东部，享受那里的一切。生活中没有任何东西是让亚当斯牵挂的，即便是教育，也在十几年前停止和结束了。

在亚当斯的生命中，早已将教育和自己的前半生一起遗弃了。对于教育制度，亚当斯已经彻底失望，他不可能再对教育抱有任何幻想和希望。

反而是英国和法国让亚当斯有真实的感觉，这就是亚当斯对世界的认知。

当拉法格问亚当斯，艺术是否可以更加原始和淳朴一些。但是，亚当斯看不到，也不知道如何去追求这些，这就是亚当斯的困惑，他也一直没有解开这些谜团。

亚当斯再一次迷茫了，看不到未来发展的方向，也不知道应该向什么方向发展。他不想再前行了，他想回到自己的家乡，回到自己出生的地方。他希望可以有朋友的陪伴，他感觉到孤独，他想要别人的关怀。

亚当斯开始自己的返程之旅，并希望在美国可以找到一同前行的伙伴。亚当斯也希望可以借助这样的机会，可以用自己剩下的时间，再进行一些历史书籍的编写工作，这能让他的生活得到充实和满足。

为了能够切实履行自己的工作，亚当斯专门请人将自己的资料进行整理和搜集，并帮助自己进行记录。亚当斯经过了漫长的旅程，终于回到了自己的家中，这就像长期漂泊的孩子回到自己的故乡，他终于感受到了久违的温暖。

亚当斯从1879年起，就仅仅与海依以及金紧密联系在了一起，他们三个人成为关系非常要好的朋友。但是，他们这种关系非常低调，也不想引来过度的关注，因为海依和金都在政府部门担任一定的官职。

他们不想招惹不必要的麻烦，直到1892年，他们两个都辞去官职以后，他们才开始公开相互的关系。

亚当斯一直没有在任何政府相关部门担任过职位，当别人问起的时候，亚当斯并没有直接回答。他每次的回答都是很简单的一句话，就是政府部门从来没有提供过一个职位给他。

这个回答很简单，但是，也让一些人对亚当斯的办事能力产生了质疑。如果亚当斯非常优秀，为什么没有一个政府官员为亚当斯提供职位呢？

这一切应该看作是亚当斯的推辞，没有一个政府会强行将一件工作交到一个人手中，并强迫他去执行这件事情。

这里是美国，政府不可能主动上门去要求一个人做一项工作，美国的任何职位都要通过选举，并且让这些候选人自愿执行。政府不可能让一个不愿意工作的人去执行这些工作。

　　当这些所谓的候选人成功晋级之后，他们就成为政府公职人员，并由政府为他们提供一系列的生活保障。当然，这些人也可以为自己的朋友或者亲人提供这样的保障。

　　当有人再次问亚当斯同样问题的时候，拉玛尔也会代替亚当斯进行回答：因为亚当斯先生并不需要这些东西，他的朋友可以帮他提供任何保障。

　　这个回答是非常棒的回答，也堵塞了所有疑问人的嘴巴。

　　其实，亚当斯最真实的想法就是，他从来不认为有哪一项政府职位是对自己有利的，也不认为自己需要这样的职位，他不明白为什么所有的人都将这些职位看得如此重要。

　　亚当斯更愿意自己独自坐在一个角落中，当这个世界的聆听者，聆听所有发生在自己身边的事，并且用自己的生命去感知这些事情。

　　在亚当斯眼中，这个社会中最缺的就是认真的倾听者。当他聆听的时候，也可以稍微冒点风险，对这些人的行为进行一些评判。这些在亚当斯眼中，更加有意义和作用。

　　亚当斯明白，自己仅仅只是普通民众，但是，他十分不解的是，为什么这些领袖要那样对待自己的朋友海依。

　　亚当斯认为，海依是一位非常出色的政治家，可是这些领袖仅仅是在有需要的情况下，才想起海依，并希望得到海依的资助。当海依被利用完之后，他们就将他无情地抛弃。

　　这些领袖从来没有想过在政府中为海依谋一份真正的公职，仅仅是在利用海依帮助他们完成一些他们的目的。

　　亚当斯又一次回到了华盛顿，回到这里，他最先到的地方就是一座公墓，想看一下圣高丹按照亚当斯的形象为他所雕塑的铜像。

　　这是一件十分伟大的艺术品，从这件艺术品上，可以感受到自然和光线的完美结合，亚当斯非常喜欢这尊铜像，也非常感谢圣高丹先生。

　　因为这尊铜像，这块墓地就成为亚当斯经常来的地方，每次来到这里，他都会与这尊铜像进行交流。可能，任何人都不知道他们之间在交流什么，其实，他们之间的交流就是人类最原始的交流。

　　亚当斯在自己的道路上继续前行时，他不知道自己的方向在何方，也不知道自己即将面对怎样的世界。他继续独自前行在迷失的世界中，按照自己的想法前进和发展。但是，亚当斯也从中感受到了一些好处。

　　有个东西可以掩盖其他一切事物的风头，这就是铁路。自从美国开始修建铁路后，铁路并没有让美国感受到巨大的变化。

　　直到 1870 年，铁路系统的运力竟然达到了 1.6 亿吨，这对于发展中的美国来说，是巨大的鼓励，要知道这个数据与强大的英国也仅仅相差 2000 万吨。

　　这是一个振奋人心的消息，也是美国腾飞和迅速发展的标志，对于一个历史学家，亚当斯是不可能放过这么一个重要的时刻的。

　　亚当斯的心中非常激动和兴奋，这都是铁路带给美国人的变化和发展。对于铁路，亚当斯十分了解其发展情况，亚当斯可以说是和铁路一起成长的，也见证了铁路发展的每一个瞬间。铁路正处于不断发展中，还会为人类创造更多的奇迹。

　　与此同时，另外一些新兴事物也正在发展，比如，自行车、电车和电话，电力的广泛应用，彻底改变了这个世界。

　　亚当斯也是在 50 岁高龄的情况下，才开始接触自行车，并且十分费力地学会了这种新兴交通工具的骑法。这也让亚当斯感受到了时间的飞速和社会的迅速发展，见识了科技的能量。

　　亚当斯的人生也渐渐失去激情，除了这些之外，没有任何科技或者技术的进步，让亚当斯能感受到兴奋和激动。

　　一切都回到了初始的平静，亚当斯的生活也是如此，没有任何波澜。他在华盛顿待了一些时间之后，就又回到了英国伦敦。

　　亚当斯希望看一下伦敦的变化，感受一下那里的氛围。由于克利夫兰先生要参选总统，亚当斯在 10 月份再一次从英国伦敦回到了华盛顿，主要就是为了帮助克利夫兰先生参选总统，并等待其成为总统。

在参选期间，亚当斯主要是进行一些重要内容的记录，不能有任何遗漏。除此之外，没有更深层次的问题需要亚当斯思考和研究。

这个年龄的亚当斯，已经经历了非常多的场面，他不再是以前的小亚当斯，他已成长为一个有地位的人。亚当斯成长了，也渐渐老去了。但是，对于银行家，亚当斯并没有减少任何一丝怨恨，他不喜欢银行家。亚当斯不是神，他是一个普通的人，他也会有自己的感情和认知。对于亚当斯，银行家就是他非常痛恨的一类人，任何人都改变不了他的这种观点和看法。

» 【亨利·亚当斯的教育启示】

善于总结的孩子会经常冷静地回顾自己的思想和行为，寻找自己所作所为的不足和可取之处。在下次遇到类似事情时，孩子就会按照正确的方法行动。

如果不懂得总结，孩子只会一次又一次地重复相同的错误，总是在原点徘徊，难以取得进步。父母要帮助孩子养成勤于总结的习惯，帮他扬长避短。

35. 勇敢面对生活中的突发状况

时光飞逝，亚当斯已经很久没有自己的娱乐活动了。他一个人生活在自己的房子里，很少与外界的人进行交往和联系。

对于很多人来说，无论是新闻界人士还是政界人士，都已经几乎忘记了亚当斯的名字。这一点亚当斯是非常清楚的，如果长时间不出现在公众面前，是很容易被人遗忘的，尤其是新闻界和政坛。

这种行业里，想要得到自己的声誉非常困难，但是，如果你想要消失或者离开，却是非常容易的。不用多长时间，很多人就会将你遗忘，甚至连你的名字都不记得。

对于亚当斯现在的境况，很多朋友都为他感到惋惜，也不知道怎样帮助他。他们会尽量安排时间去亚当斯家中小聚，使他感到温馨，不至于那么孤独。

但是，亚当斯只有几个好朋友，就是卡默隆和洛奇，他们就像海依一样，与亚当斯非常要好。亚当斯跟随卡默隆一家游览了很多地方和城市，在这个过程中，亚当斯感受到了快乐，也真实地感受到了卡默隆这类人所表现出来的品质。

这种人会朝着自己的目标前进和努力，并会为此付出一切。他们不会因为任何人或者事，而停止自己的脚步。就算会使自己失去所有的一切，他们也不在乎。

亚当斯认为，这主要是源于英格兰人的思想，是一种激进的思想。所有人都很容易理解他们的想法和理念，这是社会发展和前进所需要的一种思想，也是一种十分重要的思想。

亚当斯一直认为，他在卡默隆身上看到了非常全面和完善的人性及思想，也让他对卡默隆产生钦佩之意。

对于卡默隆，他的思想完全胜过亚当斯的思想。在亚当斯看来，自己的思想没有对卡默隆造成任何影响，但是，卡默隆的思想却一直在自己的脑海中挥之不去。任何话题或者事件，只要卡默隆发表相关论点和看法，都会在亚当斯脑海中停留很久。

亚当斯有时候也会就某些问题发表一些自己的看法和观点，却从来没有在卡默隆那里有任何停留或者影响。从一件事情中可以很清楚地看见这个问题，就是"银本位事件"。

对于亚当斯来说，他并没有过强的个人标准或者准则。他一直是按照道德准则约束自己，并选择自己的方向和道路。

很多人在选择道路的时候，都会把自己的利益放在第一位，而忽视道德的制约。但是，亚当斯却是一个将道德放在首位的人，这也是他必须遵守的准则。

别人的思想多数都是追寻自己的利益，一切以自己的利益为主。很多美国人也是如此，他们会时刻要求实现自己的利益，并且要求使自己的利益得到最大化。或许，所有的这一切都是他们从银行的行为中所得到的体会和经验。

不管是否应该对银行产生某些怨恨或者感激的情感，银行都对人类的生活产生了极大的影响，也让很多人得到了经验和教训。

亚当斯对银行有着十分深刻的印象，尤其是 1893 年 7 月 22 日，这一天他和卡默隆议员在一起，热火朝天地讨论着银本位问题。

这时，亚当斯突然收到一封信，要求他马上回到波士顿，这是亚当斯的兄弟给他的信件。信中，兄弟提醒亚当斯，在不久他可能会变得一无所有。

这件事真的来得非常突然，亚当斯似乎还没有完全明白到底发生了什么，甚至就好像突然有一个人当头给了他一棒。直到这件事情过去很久，亚当斯才明白到底发生了什么。

但在这件事发生时，亚当斯很久都没有睡好觉，他希望明白到底发生了什么事情，他也尝试着去想这些事情，想弄清楚所有的来龙去脉。亚当斯思来想去自己并没有欠别人什么钱财，而且所有欠债都已经还清，所以他并不知道自己为什么还会破产。

亚当斯想不明白，也不想再继续耗费精力和时间，无论怎么样都不会对自己产生什么影响。亚当斯不怕贫穷，也不担心这件事情会对自己造成什么影响，只有那些将物质看得十分重要的人，才会因此而担忧。

想到这里，亚当斯安然入睡了，不再担心任何事情。

第二天，亚当斯才开始动身。这时的亚当斯已经55岁了，他不知道自己的周边正在发生什么。当事情真正发生的时候，亚当斯也不知道怎么才能让自己渡过难关。

随着事情的不断发展，亚当斯才意识到事情的严重性。每一个人都在银行里有存款，自己将钱放在银行当中，银行帮助自己看管钱财，但也可以挪用自己的钱财。

但是，亚当斯知道每一个人都应该为现在的状况负责，并不只是银行，所有的人都应该负自己的责任。在亚当斯看来，钱对自己并不是非常重要，自己也并没有将钱财视为自己生命的依靠。但是，对于很多人来说，钱却是非常重要的。

这个时候，亚当斯才感觉到自己似乎对银行有了一定的决定权，可以对银行的一些事情提出自己的看法和意见，并要求银行对这件事情提出对应的解决方案。对于这件事情，亚当斯感到十分头痛，想不到很好的解决方法。

亚当斯到银行，希望可以从自己的账户中取出100美元。但是，银行无法支付亚当斯想要的金额，只能够支付不多于50美元的现金。亚当斯没有对银行的行为产生任何怨恨的情绪，他知道银行有自己的难处。

银行相当于是金钱的中转站，将一部分存入的钱借给有需要的人。无论是借者还是贷者，都应该拥有自己的权益。

但是，当贷款者无法归还欠款的时候，就会使银行出现危机。因为，存款者无法取出自己的钱财。这无疑就引起社会上的恐慌和混乱，造成信用危机。

然而，这一切对于亚当斯没有任何影响，他一点也不担心自己将来的生活。他很高兴，在这次事件中，自己对世界又产生了新的认知。

亚当斯并不在乎，自己到了这个年龄仍然在学习，亚当斯在意的是，自己是不是可以在学习的过程中感受到快乐。当这件事正好出现在亚当斯身边的时候，一切就顺理成章成为学习的内容。

当所有的一切似乎恢复平静之后，亚当斯到了华盛顿。这里的一切都发生了变化，给人一种十分新颖的感觉。

随后，亚当斯来到了芝加哥，希望可以参加在这里举行的博览会。亚当斯搜集了很多资料，这些资料也可以让亚当斯研究很长时间。但是，似乎一切都处在混乱和不堪的状况下。

亚当斯来到博览会，希望能在这里了解自己想知道的一切，也希望可以从博览会中学到新的知识。当他来到博览会，终于发现了自己想要寻找的内容，也知道了现在很多学校教育失败的原因。

因为，他们根本就没有实施正确的教育方法，而且也不愿意去探索新式教育。很多人早已习惯现在的教育方式，更加不愿意改变现在的状态。

在他们看来，这是很平常的事情，就像蒸汽机这种新式的发明，和太阳等其他自然界的事物一样，都是正常的事情，也不愿意为这些事情而浪费自己的脑细胞。

这次博览会的准备和筹备，都是十分认真和仔细的，这也让所有人都感觉到了组委会的用心。

虽然曾经也有很多博览会，但是，没有一次博览会这么认真和仔细。尤其是组委会展出的堪纳德汽船，能看出它们的认真和用心。

如果一个学生想要明白和了解这个船的吨位以及速度，就必须用纸笔亲自计算，才能够得到他们想要的结果。

这也是一次教育的过程，让学生在参观博览会的过程中得到教育。

亚当斯不知道现在自己前进的方向，也不知道社会将会朝什么方向发展。如果亚当斯可以了解这些内容，那么，亚当斯也就可以完成一直在追寻的教育。但是，亚当斯并没有足够的知识可以了解这些内容。

这时，有人问过亚当斯，现在的美国人是否在朝着正确的方向前行。只是，亚当斯并不知道这个问题的答案。

亚当斯愿意去寻找这个答案，愿意去探索未知的世界。经过不断摸索，亚当斯了解到，现在的美国人并没有自己明确的方向和目标。

但是，他知道这些美国人虽然不能确定自己前进的轨迹，可他们正沿着一条模糊的道路在不断前进。这和太阳系是一样的，太阳也是在轨迹中，按照自然的力量不断前行。芝加哥就是在这样的道路中前进，并且有着自己的前进方向和轨迹。

没过多长时间，亚当斯就回到了华盛顿。国会还在激烈地讨论金银本位问题，亚当斯参加了这次讨论，也希望可以确定最后的结果。

极少的顽固派，还在为银本位而做最后的抗争，尽管已经大势已去。对于金本位，也没有极为强烈的抗击要形成单独的金本位。只有一些银行或者金融机构的人员，进行十分激烈的抗争，坚持要实行单独的金本位。

在这次争斗中，亚当斯一直以一个旁观者的心态，看待这件事情的发展。他一直坚守着自己的信仰，不让它们发生改变。

亚当斯的心态还停留在之前的状态，他还有自己的梦想和坚守，有自己心中的哈佛、昆西以及乔治·华盛顿，这一切都没有发生变化。

亚当斯曾经认为，自己没有办法坚守下去，但是，事实证明，亚当斯已经坚守了长达 20 年之久。这也是亚当斯自己所没有预料到的。

亚当斯不喜欢银行家，不喜欢他们虚伪的面具人生。他一直坚守自己的喜好，并坚定不移地朝自己的方向前行。

随着时间的推移，亚当斯也认识到，一切并不是自己可以左右的，他需要接受资本主义制度，接受现在的一切。他知道很多事情是无法进行反抗的，就像生老病死等，这一切都是没有办法阻止和改变的，只能顺应自然。

不仅仅是亚当斯，整个美国也曾经徘徊过、犹豫过。在资本主义和简单的大工业生产之间进行徘徊和犹豫，最后，大多数人选择了资本主义。

现在，美国又开始抉择，就是在金银本位的问题上，开始做出自己的选择。大多数人已经做出抉择，他们坚持自己的立场，坚持资本主义制度下的所有制度。

社会上所有接受过教育的人，无论是大学教授或是政治家，他们都接受资本主义制度，并与银行一起让所有的人都接受现行的政策。

这些行为是亚当斯所不齿的，但是，似乎一切都已经不重要。所有的一切都已经在这样的道路上前进和发展，不会因为任何个人的想法而改变。

资本主义已经是现在社会发展所运用的制度模式，那么就必须结合资本，否则，这种模式没有办法继续运行下去。如果仅仅是希望通过这些农夫或者城市劳工来操作这项工作，势必会引起失败。

这个时候也就没有所谓的政治教育问题，因为一切都因此而停止。大家忙碌的焦点也主要集中在经济问题上，只要得到经济上的一致性，所有的问题也就迎刃而解。

社会也会因此迅速前进和发展，一切都会发生改变。每一次变革和发展都会引起巨大的牺牲和抗争，但是，这一次"银本位事件"却没有带来这样的抗争。

所有支持"银本位"的人都十分镇定和冷静，并且很快地接受了"金本位"的现实，也不再进行任何抗争。

这让亚当斯十分惊奇，不知道为什么他们会这么容易就接受托拉斯主义，接受资本主义制度和保护性贸易政策，这一切都是亚当斯没有意料到的事情。

这所有的新生事物，都被他们所接受，并且包括垄断主义所带来的一切新生事物。

可是，亚当斯这样的一位历史学家似乎还不明白现在发生的这一切，他需要耗费大量的时间去研究这些内容，从中找出对历史有价值的内容进行研究和探索。

» 【亨利·亚当斯的教育启示】

每个人生活在这个世界里，都会面对各种各样的突发状况，父母只有让孩子学会勇敢面对，才是最好的办法。

在此之前，父母要教孩子学会正确地对待突发状况，寻找原因，多从其中发现积极的一面，减少不必要的恐慌感和挫败感，更快地走向成功。

36. 沉默是金，适时沉默比争辩更有效

一个又一个灾难并没有把人们的意志击垮，所有的人都在打击中存活下来，并开始重新建立自己的价值观。

从 1870 年一直到 1890 年，这中间发生了很多事情，有快乐也有痛苦。其中，克拉伦斯·金就以自己的经历给亚当斯带来了一次教育。

在一次海难中，金失去了所有的财产。这件事情也让亚当斯明白了一些道理，他也自认为这件事情具有极强的教育意义。

随着时间的不断延续和发展，这也让人类意识到，无论是教育还是科学，没有金钱的支持都没有办法实施和发展。

亚当斯也不例外，尽管亚当斯一直都不在乎金钱，但是，破产也让亚当斯感到极为痛苦和不安，这让他在几个月之内，都生活在恐惧的边缘。直到后来，连百万富翁都已经走向破产的命运，银行才放过所有的人。

对于金钱，美国人并不嫉妒富有的人，财富不会给任何人带来社会地位和尊敬。换句话说，美国人并不会因为财富的多寡而为一个人分配不同的社会地位。

但是，威廉.C.惠特雷却是一个例外，他在纽约的社会圈中非常有名气。惠特雷在 1893 年结束了自己在政界的一切事务，转向了另一个方向，满足自己内心的欲望。惠特雷就是在克拉伦斯·金失败的地方取得了成功。

惠特雷的成功甚至让这些不会轻易妒忌的美国人，都产生了羡慕和嫉妒的情绪。社会的发展再次让亚当斯接受了一次教育和洗礼，也让亚当斯看到了财富对地位以及教育所产生的影响。

　　在亚当斯看来，克拉伦斯·金是接受了成功教育的人，但是，他却在社会的实践中没有获得成功。相反，亚当斯并不看好的惠特雷，却获得了巨大的成功。这样的结果，是任何人没有办法预料到的。

　　如果亚当斯再次回到从前，他还是会重复从前的事情，并且再次告诉自己，应该要学好数学、法语、西班牙语和德语。

　　这是生活的基本技能，只有学好这些东西，才能够很好地在社会上生存和发展。只要自己学会这些，无论是任何工作，自己都可以胜任。

　　这样的教育告诉亚当斯，无论是政治家还是化学家，任何人都不会让亚当斯失去自信，也不会让亚当斯产生恐惧感。

　　回到现在，现实中金已经没有任何财富，他已经宣布破产了。在这之后，他要求亚当斯和自己一起去古巴游玩。亚当斯同意了，但是，在这个过程中，亚当斯并没有得到过多的教育，仅仅就是一次简单的旅行而已。

　　这也使他们产生了一些回忆和感受，在经历了漫长的半个世纪，总是发生着各种各样的变革和事件。但是，其中政治革命却是相对来说影响较小的。

　　就像当时埃及进入拉姆西斯时代一样，虽然在革命的过程中出现了很多问题。但是，另一个方面却使人们的思想得到了提升和进步。对于古巴所产生的叛乱，亚当斯也是这样认为的，他认为这很大程度上是总统的责任。

　　如果克利夫兰总统可以通过民主的方式解决古巴国内问题，就不会出现一场战乱，不会让这么多人流离失所。

　　这和美国所出现的经济情形也一样，都是必然结果。在美国新的经济环境下，每个人都别无选择，只能接受金本位制度，也只能接受贸易保护主义政策。所有的这些，人们都没有办法进行反对和抗争。无论前面将会发生什么，都不会有任何转变。

　　这些年，所有人接受的都是这些，没有任何新颖的感觉。亚当斯就这样在远离革命喧嚣的地方，度过了一段时光。

他们在西印度群岛生活着，度过了又一个季节。他沉浸在安详的世界中，享受着自己的生活。在冬天过去之后，他们又去了海依那里，直到夏天结束。但是，在这个漫长的旅途中，亚当斯并没有学到任何有价值的东西。

在美洲，他们开始了自己的打猎生活。但是，对于他们来说，猎杀动物似乎是一件非常困难的事情。

对于亚当斯来说，可能鳄鱼才是最好猎杀的动物。这样的生活可能已经不适合现在人类，更多的人已经不愿意再进行杀戮，他们更愿意享受自己的生活和人生。

亚当斯离开海依后，来到了西雅图，然后又去了温哥华。他去那里开始新的实验，也是前人没有开发的一项活动和内容，是关于铁路研究的一项内容。

亚当斯在这里度过了很长的时间，并且将这里发生的一切记录了下来。完成这里的工作之后，亚当斯想去美国的丛林中了解更多的内容，他去了墨西哥湾海域，并且在那里待了将近 8 个月的时间。在这段时间中，亚当斯对美国的陆地和水域进行了很深入的研究。

直到 1895 年的时候，亚当斯才再次回到了华盛顿。这次旅行让亚当斯有了更多的见闻和知识，亚当斯可以与很多人交流自己的所见所闻，可以畅谈丛林和岛屿。

这在亚当斯看来是一次非常美好的教育之旅，并让自己可以对自然有更深的认识。这时的亚当斯已经将近 60 岁了，很多事情都不可能对亚当斯产生影响和刺激。

他开始欣赏另一种美，他的人生也已经进入另一个阶段。但是，在亚当斯的世界中，并没有对什么行为或者思想十分坚信或者十分笃定。似乎所有的一切，都没有对亚当斯产生过多的影响，他还是生活在自己自由的环境之中。

对于世界的发展，几乎很少有人会在意社会将会变成什么样子。每一个人更多关注是自己的利益，只有一些社会人士会对政府以及社会未来发展表示关心。

他们希望政府能够按照他们的意愿发展和完善，这是他们关心的主要原因。对于亚当斯来说，他并不关心这些内容，只关心自己内心的感受。社会在不断发展，可是越来越缺乏人性。

从 19 世纪开始，屠杀行为似乎就一直不断地发生，没有任何停止的迹象。这些行为也激起了民众的不满和反抗，大规模的起义也由此开始。对于战争，所有人都是痛恨的，战争给人们带来的是灾难。

这也让亚当斯产生疑惑，在对这些问题进行研究的过程中，亚当斯对宗教学产生了浓厚的兴趣和爱好。亚当斯开始研究宗教学，希望从中看到人性的起源与发展。

但是，亚当斯并没有发现这些内容，也越来越感到人性的无奈。同时，亚当斯也感觉到社会越来越无助，没有任何一个大的集体愿意为社会的发展和进步而出力。

而教育也面临着尴尬的局面，近几年，在一些人们并不关心的行业里，教育在持续着。但是，在一些十分重要的领域，却失去了教育的踪影。

所以，教育应该重新规划自己的方向，应该出现在大家都十分关心和在意的领域，帮助大家实现自己的意愿。现在社会的发展让所有人都陷入了一个迷茫的环境中，自己的大脑并没有秩序可言。

教育就应该在这样的环境中显示出自己的作用，帮助这些陷入迷茫的人，寻找自己的方向和目标。亚当斯一直在寻求自己的教育之旅，希望可以不断实现教育上的进步。对于以往的教育模式，亚当斯只有厌恶，没有任何感激之情。

也就是这个时候，洛奇夫人的出现，帮助亚当斯重新接受了教育。洛奇夫人邀请亚当斯和她的孩子一起去欧洲旅行，亚当斯欣然答应了，他也希望通过交流可以加深自己对妇女的认知和理解。

在亚当斯印象中的妇女，并不是真实的妇女，他希望可以通过真实的接触了解妇女，明白妇女内心的想法。

亚当斯与洛奇一家有着十分深厚的情缘，亚当斯在当副教授的时候就已经认识了洛奇。两个人称彼此为战友，一起并肩作战、面对风雨。

　　但是，随后两个人的关系发生了微妙的变化。洛奇成为了马萨诸塞州的一名议员，这让亚当斯逐渐疏远了他。

　　事情并没有就此结束，洛奇有着非常讨人喜欢的妻子和孩子，也正是因为他们，才让亚当斯与洛奇的友谊继续延续，也才让亚当斯愿意与洛奇继续交往。

　　就这样，亚当斯接受了夫人的邀请，和他们一起前往欧洲旅行。转眼间，一行人就已经来到了德国，这里的德国在洛奇孩子的眼中，并非像亚当斯所说的一样。这对亚当斯来说也是一次全新的教育。

　　旅行结束后，亚当斯回到了华盛顿。然后，他又独自到了墨西哥。在这里，他和卡默隆一家共同研究和浏览，也学到了很多知识。

　　随后，亚当斯和海依再次进行了欧洲之旅。在这一切旅行结束后，亚当斯回到了美国。因为要选举新的总统，亚当斯很自然地回到了华盛顿，并且支持麦金利参选总统。

　　对于这个社会，亚当斯并没有过多的言论。他不想发言，也不愿意对任何党派进行讨论。这里没有亚当斯所支持的世界和社会，也没有亚当斯愿意发言和拯救的事物。

　　对于这些，亚当斯并不感兴趣，也不愿意天天对着这些内容。这也是所有大众的心态和观点，所有的人都是如此，对于美国的两大政党，没有一个人愿意去支持它们。对于亚当斯来说，自己感兴趣的事件还主要是对外事件。

　　所以，国务卿的人选是亚当斯十分关心的问题，但是，现在的美国政坛并没有一个十分合适的人可以胜任这个职务。亚当斯也没有任何候选人可以推荐，在亚当斯看来，还没有人可以胜任这个职位。

　　就在这个时候，总统却让约翰·谢尔曼进入国务院，这是一个十分不明智的决定，甚至让人有一种徇私舞弊的感觉。美国政坛所有的人都知道，约翰·谢尔曼身体状况很不好，尽管他十分有能力，也完全可以胜任这个工作。

但是，其本身的身体状况决定着约翰先生不可能做出任何成绩。总统的这项决议更像是为了汉纳先生，让汉纳先生可以名正言顺地接任这个职位。

这让所有人都不满意，但是，就能力而言，汉纳先生是可以胜任这项工作的。这样的结果只能使约翰·谢尔曼先生成为一个牺牲品，成为最后的失败者。

这样的决定让亚当斯非常难受，也感到很难堪，他不愿意去接受这一切。在亚当斯眼中，这种行为比报社中的金钱贿赂更让人无法忍受。

还有人告诉亚当斯，如果约翰·谢尔曼不去国务院，则极有可能让海依代替。这更让亚当斯不能接受，他不想看到自己的朋友成为政治斗争的牺牲品。如果非要让他接受，他更愿意选择离开这里，不再居住在华盛顿。

华盛顿没有任何再留下来的意义了，亚当斯也不愿意再生活在这里。或者亚当斯可以从另一个角度来考察这些事情，也许结果未必是坏的。

亚当斯已经失去了自己的方向，再一次像迷茫的鸽子寻找着自己的栖息之地。可是，这样的地方似乎成为一种奢求。对于一个老人，似乎只有供他悠闲生活一个星期的地方，却难以找到可以让他快乐永久生活下去的地方。

对于亚当斯的投诉，可能社会上会有人说，这些人根本就不应该活在这个世界上。尤其是已经到了 60 岁的高龄，只会给社会和人类带来负担。

对于这些话语，亚当斯会反驳，会认为自己有继续生存的权利。当然，并没有任何人告诉他，他应该从这个世界上消失。

所以，只要亚当斯存在于这个世界上，他就有权利追求自己的幸福。如果这个世界没有办法满足他，那么，这个世界才不应该存在下去。

这两种观点是相互对立的，没有任何人可以去支持这种观点。

年轻人可以在别人面前表现出自己的无知和无能，相对于老年人来说，却只能将自己的这些无知隐藏起来。这样，才是处世和为人的原则，才能让别人对自己尊敬。

适时的沉默会让所有人都对你表示赞赏，无论是聪明人还是愚蠢的人，只要你学会沉默，就会得到别人赞赏的声音。

这是人类本质中最值得发扬和传颂的品德，当一个人真正学会了沉默，不管他是什么样的人，都会给人以智慧和高尚的感觉。所以，沉默是每一个人都会受益终身的品质。

对于伟人也是一样，虽然在他们的一生中，并没有看出对沉默的坚定。但是，他们在自己的后半生表现出来的沉默或是无知的状态，却使自己声名大噪。

尤其是对年龄已经过了 60 的人来说，沉默则显得极为珍贵。可能在美国，沉默要比在其他国家显得更加珍贵，更加具有效用。

亚当斯开始继续沿着自己的方向前进和发展，他的第一个目的地就是英国伦敦。这里有亚当斯太多的回忆，有太多让他无法割舍的情怀。

伦敦的一切都没有发生太多的变化，这里还是在维多利亚女王的统治下。亚当斯也喜欢这里，尤其是春天的伦敦，给人一种活力四射的感觉，让人备感兴奋。

在英国待了一段时间之后，亚当斯来到了法国巴黎。

在巴黎的圣格曼，亚当斯建了一个小小的家，在这里，亚当斯给在当地的孩子讲授一些历史课程，而海依也不时说一些幽默的话题。这里的一切都让亚当斯有种回到了家的感觉，让亚当斯开始迷恋。

亚当斯去过很多地方，但是，这些地方总是让亚当斯有一种想家的感觉，只有这里让亚当斯有一种回家的感觉。亚当斯一直待在这里，也很享受这里的感觉。直到海依夫人的到来，亚当斯才决定和他们一起前往埃及。

亚当斯不喜欢去埃及，但是，由于海依的原因，亚当斯来到了这里，因为他很愿意陪自己的朋友去任何地方。

他们一起来到尼罗河观看日出，享受着每天的时光和景色。虽然这一切和亚当斯所寻找的教育没有任何关系，但是，亚当斯愿意进行这项活动。就在这个时候，他们收到一份电报，告诉他们缅因号沉没了。

这对于所有人来说都是巨大的打击，在亚当斯看来，这次教训或许可以得到教育的巨大成果。但是，亚当斯陷入了迷茫，不知道前行的方向在哪里，所有的一切都处于混沌状态。

亚当斯开始寻找自己的方向，寻找着以弗所海港。这是亚当斯想要寻找的一个古代的港口，他来到雅典，翻越洛克山，然后又来到君士坦丁堡。

亚当斯一直在寻找，希望可以找到自己想要的东西，希望自己可以实现自己的目标。渐渐地，亚当斯也学会了沉默，在沉默中实现自己的梦想。

» 【亨利·亚当斯的教育启示】

沉默是金，很多时候，沉默可以让孩子获得更多的机会，让孩子的思考得到沉淀，让孩子有更多的时间反省自己，让他的性情更加沉稳。

父母要告诉孩子，在开口说话前需要想一想，如果那句话是无效的，最好选择沉默。

37. 不断给孩子新的成就感

时间一点点流逝，亚当斯已经是一位 60 岁的老人了，他没有精力再对任何事件进行评价和评判，也不愿意再参与到任何争斗中去。

这年夏天，西班牙战争爆发了，亚当斯已经不愿意关注这些事情了。作为一个老人，亚当斯仅仅是希望平淡地过自己的生活，除此之外没有任何奢求。

现在时间已经进入了 1898 年，所有 1861 年美国驻英国公使馆中的工作人员，只有亚当斯还在这个世界上，其他的工作人员已经离开了这个世界。亚当斯也是唯一一位可以明白这场剧目中的快乐的人，其他的人无法明白这里面的一切。

转眼之间，亚当斯就已经回到自己曾经做小秘书的年代。那个时候，亚当斯还仅仅是公使馆中的一个秘书，每天都做着重复、烦琐的工作。他的这些工作，很大程度上都是为了可以让英国更好地认识美国，将美国的一切传播到英国来。

为了可以让英国人依附于美国，甚至投身到美国的怀抱，所有的外交人员都在为此而努力和斗争。

在那个时候，所有人都言辞激烈地进行抗辩，并且要求实现自己的目标。即便是一位极其不起眼的秘书，都为此而竭尽全力、不辞辛苦。但是，他们并没有做到，所有的一切也没有发生过多的改变。

现在，历史的车轮发生惊人的改变，似乎海依的运气要更好。可能是经过长时间的磨炼和痛苦的教训，让英国人明白了很多道理。这也使海依可以少做许多事情，但是，海依本人却不知道应该怎么去感激。

因为这所有的一切似乎都是循序渐进地在发展，并没有感觉到任

何人在促进事情的发展。海依仅仅是知道结果，但是，海依并没有感
觉到所有这些所发生的过程。这和亚当斯不一样，亚当斯清晰地知道
事情发生的过程。

他也知道是因为德国的出现，使英国转变了一直对美国的态度。
同时，使英国改变了自己的原则，转向了美国。

这是亚当斯家族几代人为之拼搏的结果，每一代人都在为这样的
目标而努力，他们付出了多年的努力。

但是，德国仅仅用了 20 年的时间，就将英国逼到了美国的怀抱中。
这一切也让亚当斯想到了自己的家人，想到了所有为外交做出贡献的
人，他感到了幸福和快乐。因为，他们埋下的种子终于发芽了，并且
在亚当斯的见证下成长了起来。

所有这些都是真实发生的历史，并不仅仅是一个教导过程。如果
真的认真感受这个过程，就可以从中得到非常深刻的教训和认知。

这也让亚当斯第一次切身感受到，曾经一直追寻的结果终于在现
实中得以实现，这是一种非常奇妙的感觉。这种满足感也只有亲身经
历的人，才可以真切体会到。就算是海依，也没有这种感觉，因为海
依并没有经历过之前亚当斯所经历的一切。

亚当斯来到海依的家中，正好有一些人在这里谈论关于菲律宾
的问题，并且商讨东方权力的分配。这让亚当斯看到了自己家族几
代人的努力终于有了希望，海依用他独特的艺术方法实现了几代人
的目标。

在美国驻英国大使中，海依已经用他独特的方式让所有人记住了
他。这就是海依，一切对于他来说都是那样简单、轻而易举。

亚当斯曾经学过法律，也教授过历史，但是亚当斯从来没有想过
这两者之间的结合点。或许就是因为亚当斯忽视了二者之间的关系，
才使得自己没有办法很好地向学生们讲课。因为这些在亚当斯的大脑
中，没有形成完整的体系，而是极为混乱不堪的。

但是，对所有历史事件的理解上，亚当斯却得到了宝贵的财富，

也是源于自己祖辈的财富，让亚当斯可以很清晰地明白未来外交的走向和发展。亚当斯不知道波多黎各的未来，也不愿意去想菲律宾的问题，他只想做好自己的事情，这样就已经足够了。

可能，在所有的过程中，海依做了自己应该做的所有的事情，而亚当斯仅仅是在一旁关注。但是，这就已经足够了，他们做了所有他们应该做的事情。

时间流逝，转眼卡默隆一家来到了这里。所有人在一起享受着美好的时光，悠闲而又自在。

就在所有人都沉寂在幸福之中的时候，他们接到一封电报，告诉他们西班牙舰队沉了。没过多长时间，海依接到来自白宫的消息，让他接任国务卿的职务。一切都是如此突然，没有任何人为接受这一切做好心理准备。

对于这一任命，海依并不愿意接受。他希望自己仍然可以留任英国公使的职务。经过激烈的商讨，所有人的观点都很混乱。的确，没有任何一个人亲身体会过国务卿的重任，也很少有人了解海依的内心，一切都那么无助和没有办法。

作为一名公职人员，不能只去想个人的利益，也应该考虑为国家和人民贡献自己的能力。海依可以不接受这样的任命，但是，这样的话，海依面临的只有提前退休。

对于亚当斯，他不喜欢这些职务，更不愿意去接受这些任命。在他看来，这些职务会泯灭人类的心智，是不应该接触的。再看海依，海依完全不需要任何公职为自己获取任何利益，他现在所获得的财富和地位，是不需要公职进行渲染的。

海依不需要公职为他带来任何利益，他是用自己的生命去完成每一个公职赋予自己的使命。

所有的人听到这个任命，都违背自己的内心而向海依表示祝贺。对于这一任命，所有人都不看好，包括海依自己。如果海依接受这样的任命，那么这无疑是一次极为痛苦的接受。

对于亚当斯而言，无论是为自己思考还是为海依，接受只能给海依带来一种公职所赋予的荣誉，但是，内心的伤痛却没有任何办法可以医治。对于任何一件事情，海依都会投入自身极大的热情，以求可以尽心尽力去完成这件事情。

但是，结果却经常令人非常失望。想到这里，亚当斯准备起身回家，他不想在这里受煎熬，也不想因为争执而失去自己的朋友。

所以，在所有的一切完成之后，亚当斯马上就开始动身返程了。这一次返程，亚当斯难掩内心的伤痛，悲伤充斥着他整个内心。

亚当斯又一次因为自己的原因失去了一次绝佳的教育机遇，这一次不是因为别人或其他外界因素，无论是国内的形势变化，还是国外的局势变化。海依也并不因为自己和朋友的观点不同，而不愿意与谁进行交往。

所有的人都在努力，为的是维护彼此之间的情感和友谊，所有的人都不希望因为这些毫不相干的政事，而失去彼此。

其中，海依夫人起到了很大的作用。海依夫人让海依用自己休闲的时间，尽可能地陪自己的朋友聊天或者散步。海依与朋友相聚完之后，再与自己的妻子一起陪大家饮茶、谈笑，这样也使大家的心至少是团结在一起了。

» 【亨利·亚当斯的教育启示】

很多孩子在一次成功体验的带动下，会不断获得成功，这是因为成功带来的成就感给了他信心，成了他要求上进的动力。

成就感，是孩子成长过程中不可缺少的体验。父母不要苛求孩子，为他设定的目标应是他通过努力可以达到的，这样才能使他进入战胜困难超越自我的良性循环。

38. 让孩子接受艺术的熏陶

正因为海依夫人的从中调解，也使亚当斯和海依的关系暂时稳固了下来。这也让亚当斯可以安心展开他新的旅程，可以为自己新的爱好而努力。

因为华盛顿的一切已经安定下来，也不需要亚当斯做任何事情。亚当斯和洛奇一家再次开始了欧洲之旅，很快地，他们就来到了罗马和西西里。

洛奇一家都是亚当斯非常喜欢的，他们一起来到了意大利，感受加里波第之后的独特风景。但是，这里似乎还是存在着灾难和痛苦的阴影，一切似乎并没有发生太多的变化。西西里保持着原有的风貌，拒绝按照时代的标准进行自身的改变。

可是，时代已经不允许任何人停滞不前，而美国又是向世界输出新文化和发明最多的国家，俨然已经成为世界大国。美国也正以所有人都难以预想的速度前进和发展着，所有人都想不到曾经的国家已经发展成今天这个样子。

这里已经没有了起义和杀戮，学生也只能通过课本知识才能了解那个时代，所有的一切都已经消失，似乎帝国已经进入自身发展的黄金时代，一切都是那么美好。这种景象是亚当斯家族奋斗了一百多年的梦想，现在终于成为现实。

随后，他们一行人来到了亚西济，在这里他们遇见了圣弗朗西斯。圣弗朗西斯为他们讲解了许多不为人知的历史疑问，也让他们解开了心中的疑惑。但是，这些话语却给亚当斯造成了巨大的疑惑，因为这些内容和他在哈佛执教的内容有所差异。

　　对于亚当斯的困惑，圣弗朗西斯给出的答案，就是忽视所有的内容，不要去想这些东西，只要过好自己的生活就可以了。

　　面对圣弗朗西斯的答案，亚当斯并不满意，他孤独地回到巴黎，对一切都产生了疑惑。也就是在这个时候，他开始了自己人生的新的工作，也是自己最后一次工作，就是对一种在12世纪十分流行的一种测量方法进行调查，这种测量方法就是方法测量法。

　　这是法国所特有的一种方法，但是在法国这种方法也随着时代的进步而逐渐消失了。这似乎是一种感觉，一种发自内心的感受，可能对于巴黎这并没有什么特殊之处。对比教堂的灰色和土气，再感受外在的色彩和绚丽，显然二者形成非常鲜明的对照。

　　但是，夏天确实短暂，亚当斯没有办法在这么短的时间里获得自己想要的内容。最后，他只能将自己关在房间中，通过照片来感受夏日的气息。就这样，亚当斯有好长时间都只是看照片而不说一句话。

　　转眼已经进入了十一月份，约翰·拉法格的突然到访，让亚当斯非常吃惊。拉法格对亚当斯产生了极其重要的影响，也是亚当斯认为对其影响最大的人。

　　在亚当斯所接触的所有人中，拉法格的每一个思想和意见都能对他产生很大的影响。亚当斯也不知道自己应该如何感谢拉法格，亚当斯也从来没有想过这个问题。

　　拉法格和一般的美国人不一样，美国人的思想都是非常简单的，认定一个目标就会义无反顾地执行下去。但是，拉法格的思想非常复杂，而且也非常全面，每一次听到拉法格的思想，都会让亚当斯受益匪浅，并且获得极大提升。

　　每一次拉法格都是按照传统的思维模式来宣讲现代的事情，并且会在悄无声息的状态下将所有的事情翻转过来。

　　没有任何人意识到事情的变化和不同，也没有任何人感受到其中的奥秘。拉法格并不喜欢在面对一件事情的时候，与任何人进行争执。

他所进行的就是在静静的状态下阐述和思考。

很少人可以完全明白他的观点，但是，他自己总是可以保持非常清醒的头脑，让所有人都感到诧异。拉法格经常认为亚当斯没有想象的头脑，所有的一切都要进行推理和论证，这让他十分不理解。

在法拉格看来，这可能是因为亚当斯出生在波士顿的原因，才让他拥有了那么理智的思维模式。

有一次，拉法格生了很严重的病，几乎无法下床。但是，就在这个时候恰好出现了一个机会，可以让他和自己非常敬佩的人会面，这个人就是惠斯勒。拉法格非常喜欢惠斯勒，所以他坚持拖着自己病重的身体去参加这个聚会。

拉法格见到了自己崇拜的惠斯勒，并且还与惠斯勒坐在了一起。亚当斯就坐在他们旁边，可以很清楚地听见他们的对话。同时，惠斯勒的出现也吸引了很多人的围观。在这个过程中，惠斯勒表达了自己对于布尔战争的看法，而且情绪十分激昂。

在这个过程中，亚当斯没有发表任何意见，拉法格也是如此。他们都没有对惠斯勒的思想进行抗辩，他们认为惠斯勒的思想是真实的，也是正确的，非常认同他的观点。

在艺术上，无论是色彩的运用还是色调上，惠斯勒都超出拉法格的水平。但是，在拉法格的创作中，你可以感觉到一种情感和脾气的存在，这是十分特殊的，包括惠斯勒的画作，都没有这种情感的流露。

但是，拉法格却做到了，并且在自己的玻璃创作中完美地呈现出来。对于玻璃画或者类似的玻璃装饰品，亚当斯并没有过多的了解，甚至有些迷惑不解。

所以，关于这些艺术创作的事情，亚当斯并没有自己的独特观点。如果想要有更多的了解，就必须对沙特尔以及 12 世纪的艺术重新进行了解和认知。否则，没有任何一个美国人可以有权对这项艺术进行评判。

亚当斯本身也是一个外行，对此根本没有任何了解。但是，拉法格却很愿意接受亚当斯的观点和意见，希望亚当斯可以给他一些观点。在他看来，虽然亚当斯并不了解这些，但是亚当斯也是为了自己能够更好地前进着想的。

　　亚当斯已经到了 60 岁的高龄，才开始接触这些内容，对于他来说已经相当不容易了。亚当斯明白，如果自己真的想要了解这门艺术，也只有拉法格可以帮助他。因为，只有拉法格是真的在进行这项传统的玻璃艺术。

　　这项艺术在欧洲很多地方已经失传了，没有多少人真正懂得这项艺术。甚至包括拉法格本人都认为这项艺术都已经可以进图书资料馆了，因为实在没有多少人了解和懂得。面对着这些玻璃，亚当斯只能看出其中很少的一些玻璃艺术。

　　相反，从拉法格的口中，亚当斯却可以发现很多艺术光芒，他的每一句话都可以让亚当斯感受到色彩和光线的结合，一切似乎是那样的美丽，也几乎没有人可以与拉法格相抗争。

　　这时，亚当斯在巴黎度过了自己的十二月，让他非常高兴的是，拉法格的身体一天比一天好，亚当斯顺利地将拉法格带回了纽约。将拉法格在纽约安顿好之后，亚当斯来到了华盛顿，想看看自己的朋友海依。

　　这么长时间过去了，亚当斯非常想看一下海依做国务卿的成果。和亚当斯预想的一模一样，海依这里非常糟糕，甚至比布尔战争所带来的麻烦更加让人感到头疼。

　　亚当斯不知道应该怎么鼓励和安慰海依，因为所有安慰的话语似乎都没有用。海依的工作十分繁忙，亚当斯只希望，在海依身边工作的所有人，都是在真心帮助他。

　　但是，另一件非常严重的事情却出现了，也让亚当斯感到诧异，美国人不是对英国人非常痛恨吗？为什么又开始重新审视自己国家的领导人了呢？

　　亚当斯的祖先也处在被审判的位置上。这让亚当斯十分气愤，也无法理解这种做法和行为，不明白为什么这些美国人开始重新审视自己的领导人。

从亚当斯记事开始，就已经明白亚当斯家族为美国的自由所做出的努力，而且这件事情在 1776 年就已经很好地解决了。

可是，现在的美国人又重新提及这件事情，并试图将自己的祖父约翰·亚当斯定罪，这是亚当斯绝对不能容忍的事情。这件事情完全是非常荒谬的，对于海依来说，这件事情却是非常棘手的。

在这些经验的积累下，亚当斯已经能够很好地学会沉默。他不想用各种理论去说服海依，也不愿意给海依施加任何压力，这样只能给海依增添更多烦恼。对于海依来说，他是没有任何办法可以改变这种状态的。

海依能够做的，只有等待时机的到来，合适的时间是非常关键的，只有在正确的时机，海依才可以做出自己的反应。可是对于亚当斯来说，这却是非常关键的，他不喜欢逃避任何事情。对于每一件事情，亚当斯都不想忘记。

实践与亚当斯所进行的教育，是两种不同原则的工作。实践经常会忽视甚至遗忘事实的真相，但是，教育却在寻找每一件事情的真实性。

亚当斯不愿意参与海依的任何政治事件，也不愿意询问海依的任何政治活动。对于海依，可能更倾向于是政党中的纽约派别，和他可能处于相同派别的还有阿伯拉·休韦德等人。

在很多人看来，他们并不是一群简单的政治家，他们有很大的抱负和很长远的规划，并不仅仅局限于他们的职位范畴。大多数人的观点是，每个人都要尽可能避开他们，可是，又有一些人无法抵御金钱的诱惑，也只能服务于他们麾下。

这群政治家中，无论是海依还是阿伯拉·休韦德，都有着自己非常独特的风格，都可以独立代表他们各自的集团特点。除此之外，就是以总统克利夫兰和哈里森为代表的两大派别。

对于政府目前处于的状态，麦金利总统提出了自己的解决方案。这种方案也是亚当斯无法想到的，远远超出了亚当斯的能力范围。

麦金利总统以每一个托拉斯集团为利益的计算主体，并强制要求这些主体将自己的利益计算出来，并投入到政府的运营中去。

最后，按每一个利益集团投入的多寡进行利益分红。这就是麦金利总统内阁所想出的办法，事实证明这个办法对当时的社会的确起到了一定的促进作用。

同时，麦金利总统也是一位非常懂得运用人才的总统。他手下有几位非常不错的能人，其中一位就是海依，但是在这些有能力的人里面，海依相对来说却是实力最差的。可是，海依身上却承担着最重的责任。

海依作为国务卿，最主要的责任就是处理好美国在国际上的问题。

在美国内部，可以通过利益将不同集团组合在一起，让它们共同合作，为社会的正常运转共同努力。但是，在国外却很难办到。

因为每一个国家都是以自己国家的利益为准绳，当这件事可以将这几个利益国家团结起来时，另一件事情就可能使这几个国家成为敌对国，而且，这种事情还经常发生。

所以，海依在处理国际事务中，基本上没有一个可以算是友人的。在亚当斯看来，只有朋斯·福特可以帮助海依。

在每一件国际事务的处理中，国内参议院一直成为事件进程的绊脚石。每一件议程都会经历很长时间，还要通过大多数人的投票，任何一项程序都不能简化。

有时候一项议程甚至可以浪费好几个星期，这对国际事务的处理是非常要命的。

对于海依来说，可能他要做的最主要的事情，就是对所有危害美国利益的国际条约进行反抗，然后给别国施加各种条约和框架，还有就是为这些参议院在政府谋得职位。这样，海依的国务卿才算是合格的。

不仅是海依，还有很多人都在和自己不同立场的人在进行抗战，所有的人都是为了让自己取得最大利益。

不仅有参议院的阻碍，还有俄国和德国的公使团，这些力量结合起来，形成了阻碍议会进行的主要障碍。

海依的每一次提案，都会因为这三股力量的结合，而导致最终的进程受到影响。很多政界的主要前领导人，也希望可以用他们的影响力促进提案的进程。但是，毕竟他们的思维已经是过去的思维，没有办法追赶现在的潮流，对事件的影响程度也越来越小。

海依在亚当斯看来是一个非常幽默、风趣，而且也十分平易近人的人，他的骨子里就含有一种天生的亲切感，让所有的人都喜欢和他交朋友。

但是，在海依有了这份公职之后，似乎一切都发生了改变。他的幽默和风趣消失不见了，留下的是一个应该让所有人都尊敬的部门领导者和一个国家的外交家的形象。亚当斯也很久没有再看见自己曾经的朋友，似乎眼前的海依是那么的陌生而又遥远。

或者可以将这些作为一种教育进行研究，这比 12 世纪的研究相对容易一些。就好比一个非常简单的物理公式，要求每一个人都要会。但是，也有很多人却一窍不通。一件事情对于一个丝毫不感兴趣的人来说，就失去了本身的意义。

亚当斯继续他自己的教育理论，并希望自己可以抛弃原有的所有知识，变成一个彻底无知的人。在这个过程中，亚当斯也希望可以为自己寻找一位老师，帮助自己实现进步。但是，没有这样一位老师，可以帮助亚当斯。

在当时，最有名的就是西蒙·纽康姆，但是，亚当斯并没有去寻找这位大师。史密森学会中有一位非常伟大的人物，亚当斯也十分佩服他，这就是兰利。

亚当斯经常为了一些问题去请教兰利，对于亚当斯的提问，兰利表现出了极大的耐心和毅力，并认真帮助他解答每一个问题。

但是，兰利也有自己情感上的喜好，也会偏向自己的内心。兰利十分热衷于物理科学，对这些哲学知识却是十分怀疑。

亚当斯手中拿着兰利给他的一本书《现代科学概念》，但是，亚当斯并不明白为什么要读这本书，也不知道这本书到底在讲什么内容。

或许这一切都不重要，这就是一个六十多岁的学生所接受的教育。通过教育让自己变得无知，让自己重新接受天文学或其他相关科学知识。

在经历过这些之后，亚当斯再次开始了自己的征程，并来到了特洛卡德罗。

» 【亨利·亚当斯的教育启示】

艺术的范围很广，包括绘画、书法、诗词歌赋、音乐等。父母要多带孩子去品鉴优美的艺术作品，让孩子接受艺术的熏陶，学会欣赏艺术美。

这样可以激发孩子对美的向往，追求美的动机。同时，还能让他心中升起各种各样的情感，这些或喜或悲的感受都能促进孩子的心灵成长。

39. 面对生活，请保持一颗开放的心

一年一度的世界博览会结束了，亚当斯望着关上的大门，不知道自己到底从中发现了什么，也不知道应该如何研究。对于这些问题，他非常希望可以出现一位十分有思想的人，跟他交流一下所看到的一切。

也就在这个时候，兰利出现了，他给亚当斯详细讲述了关于博览会的内容，把每一个细节都与亚当斯进行了分享，并告诉亚当斯应该如何进行研究。

在兰利的讲解之下，亚当斯似乎非常认真地了解了每一个细节，知道了很多之前并不知道的事情，这让亚当斯十分满足。

如果没有兰利的出现，亚当斯可能要在外面的世界继续漂泊，继续在迷茫中度日，不知道应该朝什么方向发展。

这也让亚当斯想起了当时的培根，为了让所有的人了解他的发明，他费尽心思和所有人解释关于力的问题。但是，却很少有人明白其中的意义。

即便是亚当斯也对此没有任何认知，亚当斯的研究范畴仅限于有关力的经济问题。在随后的几年，亚当斯就在这个领域开始了自己新的研究和探索。

亚当斯的思想也开阔起来，但是，亚当斯并不知道应该如何面对这些问题。对于自己在博览会看到的这些内容，亚当斯不知道应该如何将这些事物保存在自己的大脑中。

曾经有一段时候，亚当斯还花了很大的功夫研究过马克思的思想，但是，他却无法理解这种学说，更无法从中得到进步。

　　对于兰利来说，他追求的是更加现实的突破和发展。对任何事情，他都抱有一种非常大度和宽容的心态，不会将自己的意愿强加到任何个体的身上。

　　但是，如果在博览会上没有任何新发明的突破，也就无法从根本上提起兰利的兴趣。他会放弃整个博览会，直接投身到自己新的研发之中。

　　兰利的兴趣主要在于新式发动机上，他将自己所有的精力都投入其中，并给亚当斯讲了许多关于动力机车的事情，其中涉及许多汽车的知识。

　　这些知识对于亚当斯来说，都是非常新颖的，有些他甚至没有听过。其实在 1893 年的时候，就已经出现了汽车，但是汽车的动力却一直不是特别顺畅，甚至十分危险。

　　为了改变这种状况，兰利一直希望可以发明新的动力源，让汽车可以在 100 千米以上的时速都非常安全。现在的汽车和稍早一点的电车以及和亚当斯差不多同龄的蒸汽机车，都具有同样的杀伤力，每一个都是十分危险的机器。

　　兰利还带着自己的学生进入了发电机展厅，这里的一切展品都在讲述着发电机的来历。兰利将自己的观点讲给学生听，并告诉学生，发电机所具有的巨大的动力是通过煤炭的能量转化成电能实现的。

　　同时，太阳的能量也可以转化成人类可利用的能源，因为太阳本身具有十分庞大的热量，是可以让人类进行使用的。

　　这是兰利的观点，亚当斯也渐渐了解了很多物理学的知识。亚当斯知道这个神秘的机器承载着人类未来的巨大改变和创新，对人类社会发展将起着十分重要的推进作用。

　　对于一位历史学的专家来说，面对这么宽阔的展厅，亚当斯更多关注的是人类将要发展的状态以及这些机器对社会的影响。

　　亚当斯认为，在蒸汽或者电能之间，应该存在一种能力，可以让二者实现相互转化。对一位历史学家来说，能有这样的见解已经是非常不容易的了。

要想知道关于这个问题的答案，亚当斯只能询问兰利。可是，兰利心中也有这样的疑惑，也认为这些能源之间是十分混乱的，没有任何秩序性可言。

在这些知识的影响下，亚当斯也越来越了解这些内容。亚当斯感觉到，自己在一个完全陌生的领域，得到了自己久违的成就感和喜悦感。这种感觉也只有亚当斯自己可以非常清晰地感受到，既幸福，又快乐。

亚当斯也希望，自己可以在这个全新的领域中，得到一定的发展，可以明确知道这些力的发展和经济之间的关系。

但是，由于知识水平的局限，使得亚当斯无法完成这项任务。因为，经济学毕竟是另外一门学科，物理学也是如此，两者要建立联系，需要有非常强大的专业功底。但是，亚当斯的能力还不足以将两者结合起来。

这就像是，人类这几年一直在飞速地发展和进步，甚至宣称自己即将进入一种新的宇宙状态。可是，在两种宇宙之间，根本没有一个可以通用的计算方法，这样只会使二者无法相互联系。

但是，兰利似乎已经做好了一切准备，准备迎接自己即将面临的挑战，这完全是从哲学的角度去研究物理学的相关概念，对任何人来说，都是非常新颖的。

这就如同历史学家一样，在对某一件历史事件进行陈述的时候，一定会讲到很多因果关系的存在。否则，事件便很难演变下去。

同时，有些则是历史学家根据自己所知道的结果而进行的假定，但这一切并不影响什么。也有一些人会对这些假定提出质疑，但是，没有人要求这些人必须精通所有的历史经过。

就如亚当斯，亚当斯曾经出版过很多历史方面的著作，他做这些，并不是为了任何人，而仅仅是想满足自己写书的愿望而已。

亚当斯在撰写这些历史事件的时候，就需要在自己已经了解的内容的基础之上，仔细研究各段历史之间的联系，并用自己的联想将这些内容联系起来。这个过程对于亚当斯来说是痛苦的，他即使这样做，也无法让自己满意。

这就像亚当斯当时在哈佛学院一样，亚当斯所关心的秩序，并不是别人所关心的秩序，一切都是不成逻辑的。

亚当斯不关心那些政客，也不关心其他。他只是默守自己内心的秩序，而对于这种秩序，亚当斯也没有任何办法可以很好地求出结论。亚当斯需要不断地积累知识，才能最终明白这其中的秩序。

但是，随着知识的增加，亚当斯也越来越了解到，人类社会很少存在自身的秩序。他将希望寄托在这个新的发明上，也就是力的动力上，希望它可以帮助人类寻找自身社会的秩序。

任何一个新的发明出现，都可能让所有人惊慌失措、目瞪口呆。伽利略和哥白尼就是其中的两位，还有哥伦布，他们的发现不仅向世人证实了新事物的存在，也让坚持守旧的人无话可说。

现在也是如此，所有的新事物的产生都是在质疑和恐慌中，呈现在世人面前，并最终被大家所接受。

对于这位历史学家来说，已经没有什么可以利用的资源，除了他本身以外，所有的一切都发生了转变。如果亚当斯坚持认为这种力应该有一个共同的作用点，那么只能依靠自身的吸引力去实现这种目标。

亚当斯决定在这件事上去努力，并冒险一回。亚当斯希望自己可以成功，并最终将这种射线转化成人们心中的一种信念。

这也让亚当斯想起了自己儿时，当时是在波士顿，有一位在当地最有名气的化学家，可以说是除了化学以外，对其他知识一无所知。可能，就连很多孩子都知道的贞女以及维纳斯，他都不了解。

对于亚当斯，也存在很多东西都不了解，或者不清楚。但是，亚当斯有一颗时刻准备的心，他时刻要求自己做好接受新的事物的准备，并去了解和接受它们。

这些东西的研究也让亚当斯再一次开始了自己的教育之旅，亚当斯知道，要想彻底明白其中的问题，就必须付出艰辛的努力，只有这样才可能找到其中的真谛。

　　但是，在这些力的研究过程中，亚当斯并没有很好地寻找到其中的联系，除了吸引力可以稍微联系一下之外，亚当斯并不知道怎么让这些力产生联系。

　　这就好比是维纳斯一样，可能她的力只对卢迪斯有意义，而在其他地方似乎就没有任何意义。就比如在美国，美国人似乎从来没有去关心或者去想象过这些力之间的关系，他们也不担心这些问题。

　　可是，这却使亚当斯十分头痛，亚当斯不明白这个在法国非常有影响力的女人，在美国竟然没有任何作用力，这样亚当斯十分不解，他不知道这其中的原因。

　　同时，从美国出版的这些杂志我们也可以看出，在女性的周围都有一些无花果的叶子，这也是在掩盖一种性的丑陋。

　　任何人都知道性是丑恶的，尤其是清教徒，他们更是讨厌性。在埃及文化中，有一些被人们非常崇拜的女性，比如雅典娜或者其他一些女神，她们都是因为自身的能力，而获得别人的尊敬和赞美。

　　这种能量给人一种积极向上的感觉，让所有人都为之感动，进而心生崇敬之意。可是，让亚当斯非常疑惑的是，在自己参观的这些美国学校中，没有一所学校是真正让孩子将自己的注意力集中在课本上的。

　　尽管这些内容是非常优秀的，但是，在现实中很少有美国人关注这些东西。这件事带给亚当斯的感觉，与他在历史教学中所感受到的无奈，是一样的。

　　亚当斯突然感觉到自己是那么的孤独，在这一系列的过程中，亚当斯并没有感觉到自己的任何进步，他没有发现任何有价值的东西。

　　在关于性的问题上，亚当斯又开始陷入自己的思考之中。亚当斯一直不断地思考，以判断自己的想法是否正确。

　　亚当斯在想，性是否是一种力量呢？目前看来，只有人体绘画家才会将性作为一种力量。在他们看来，性是一种可以激发人体力量的巨大能量。

　　但是，对于大多数人来说，性仅仅是一种爱的表现，其他任何都不能代表，也不可能给自己带来任何力量。

　　在很多美国人的眼中，夏娃和希律迪亚斯是两种完全不同的女性。他们更喜欢夏娃这种女性，给人一种女性的美。

　　在美国，性是很少被人提及的，也不愿意被人提及。他们的生活以及道德标准，都不允许他们提及有关性的话题。

　　同时，也没有任何突出的性问题引起历史学家的关注。对于亚当斯来说，除非他可以在这里找到有关能量的问题，否则，他也不会去关心所谓的贞女以及性的问题。

　　亚当斯继续在大厅中徘徊，希望在这里能够寻找到一些新的发现。

　　亚当斯每一次都喜欢在谢尔曼将军的塑像前停留，并且在这里沉思一段时间。这个将军塑像是圣高丹先生雕刻的，圣高丹先生也在巴黎。每一次雕刻的时候，圣高丹都很喜欢听取别人的意见和建议，也愿意听取其他雕塑家的不同观点和看法。

　　但是，他却是一位少言寡语的艺术家，其他艺术家却不是如此。圣高丹的生活十分简单，没有任何过多的限制和要求，他只要求自己做自己想做的事情，这样就足够了。

　　所有的名望和奉承，在他看来都是虚名，他并不想要这些内容。他只想用自己的双手用心完成每一件作品，很好地诠释出这件作品所要表达的意义。这就是圣高丹，可以很明确地感受到这件作品所表现出来的精神世界的力量。

　　这个夏季，亚当斯的身体状况并不很好。但是，他还是希望可以和圣高丹小聚一下，跟他一起吃饭或者散步。对于圣高丹，他也会反过来回请亚当斯，让亚当斯可以观看自己的创作过程。

有时候，圣高丹会带亚当斯去一些自己喜欢的地方。他带亚当斯来到法国教堂，到这里来研究自己的雕塑艺术。在这个时候，亚当斯也才明白过来，圣高丹并不是为了他，而是为了自己的研究才来到这里。

　　想到这些，亚当斯笑了，并开始在这些雕塑面前朗诵吉本的名句。但是，亚当斯的存在基本上对圣高丹没有任何影响，他依然在全神贯注地观看这些雕塑艺术。

　　再反过来看亚当斯，他的举动甚至给人一种幽默感。只见他一个人独自站在那里，念着没人关心的语句。这种状况下，似乎又多了一分凄凉。

　　但是，从亚当斯的朗诵中，可以听出吉本的一些缺失，就是忽视了贞女的问题。但是，在吉本的那个世界，似乎贞女问题还没有存在。

　　反观圣高丹，和亚当斯一样，都是只具备了一半的能力。圣高丹从出生开始，就忍受着饥饿以及各种贫困带来的痛苦。亚当斯则从来到这个世界开始，就被各种不同的思想不断摧毁着自己的意志。

　　在圣高丹的艺术中，有一种说不出的力融入其中，尤其是在为谢尔曼将军所做的雕塑中，更是可以明显地发现这一点。

　　圣高丹的雕塑中所体现的美国元素以及力量的结合，都让亚当斯由衷敬佩。对于米开朗琪罗的艺术，亚当斯用了很长的时间，才逐渐让自己的内心接纳。

　　但是，贞女和维纳斯却一直在亚当斯心中出现，他开始意识到，这其中富有的能量是十分巨大的。

　　这种力量，与现实生活中可以促进火车以及汽车前进的能量是不一样的，这是一种来自人类心灵深处的能量，并让所有人感受到一种触动。这种力量是可以通过艺术表达出来的美，而那种动力的力量却无法很好地进行表达和诠释。

　　在动力学中，动力对于机械师来说，都是可以运用公式或者程序计算出来的。只要是动力中的力，都可以通过交换或者比较的方法，将这个力的大小进行计算。对于机械师来说，只要花费一定的时间，就能知道两点之间直线最短。

任何工程师都不会再浪费时间和精力去印证这些内容的正确性和真实性，也不会一直徘徊在这个问题上。就像是指南针或者三角，这对于工程师来说，都是十分重要的。

贞女其实也是如此，她的内在有一种非常强大的自然之力，是任何普通人所感受不到的。只要认真研究，就会感受到那股力量的存在。这就是作为历史学家的亚当斯所关注的东西。他希望可以从贞女身上，寻找到她的价值所在。

所以，亚当斯更愿意接触贞女，而且他认为，自己可以理解贞女内心的力量。但实际上，这只是亚当斯一厢情愿的想法，他并不是什么事情都知道。

亚当斯花了很长时间研究相关内容。可是，亚当斯得到的回报却是没有任何结果。这时的亚当斯感觉，自己就像回到了在德国学习的状态中，一切都是那么的懵懂和无知，自己没有方向感，也不知道该向何方前进和研究。

对这些知识的研究，就好像让亚当斯进入了丛林的深处，他越来越迷茫，没有任何新的认识。亚当斯也没有找到这些力的来源，更不知道如何准确计算出这些力的大小。直到1900年，亚当斯很清楚地明白，整个社会的力是在不断地增加和扩充的。

但是，他无法寻找这个力背后的东西。教育也在这种无知中逐渐消失，也不知道应该如何前进和发展。眼前的路充满了荆棘和迷雾，不知道前方在何处。所有的人都需要不断摸索才能找到前进的方向，亚当斯也不例外。他努力前行，希望可以找到希望的灯塔。

一切都是迷茫的。在经过了长期的努力后，亚当斯获得了非常丰富的资料。对于这些资料，只有经过非常专业的整合，才能得出最后的结论。

但是，亚当斯非常努力，他认真地将各种资料进行归纳整合，从中获取自己所需的内容。这个过程非常繁杂，亚当斯也花了很多时间。

直到这个冬天快要结束的时候，亚当斯才做完自己所有的工作。这个时候，展览会已经结束很长时间了，亚当斯也没有任何理由继续留在这里了。于是，在1901年1月，亚当斯踏上了自己的返程之旅。

》【亨利·亚当斯的教育启示】

　　由于社会环境的影响，孩子小小的脑海中已经充满了成见。父母要让孩子保持开放的心态，愿意接受新事物以及自己原本排斥的事物。

　　在开放心态时，不能只是有选择地开放，对于自己喜欢的就吸收，不喜欢的就视而不见。而是要让孩子坚持原则，选择好的事物进行吸收。

40. 让孩子关注国际形势，关注周围生存环境

世界上有一个地方，成为所有人目光的聚集地，这个世界似乎并不是非常发达，人们对巴黎的博览会也没有什么兴趣。

他们的兴趣点仅仅放在自己国内的事情上，他们对圣高丹等雕塑家没有任何了解，也不了解蓬皮杜夫人，甚至对伏尔泰都没有任何认知。这个社会只关注自己的瓷器和用品，他们的无知简直可以说已经进入了一种不可理喻的状况。

这个社会的一切都非常奇怪，他们会为一件没有价值的物品，付出非常高昂的价格。相反，那些本身具有很高价值的东西，在他们看来却没有任何意义和价值。这让亚当斯十分诧异，这就是东方的中国。

在1900年夏季的时候，发生了这样一种状况。这件事对于亚当斯来说，十分具有教育价值。因为，在没有任何征兆的情况下，却发生了一场争斗，让亚当斯进入了一场不明状况的斗争中。

这场斗争的主要目的是为了瓜分中国，并最终控制中国。这吸引了很多国家的加入，在他们看来，如果可以控制住中国，那么离控制世界也就不远了。

同时，这场争夺也吸引了美国公使团的注意，海依也希望可以让美国在中国领土的争夺战中分一杯羹。

亚当斯对此并没有什么认知和了解，也不知道海依将会做什么。结果已经表明，只有德国和俄国分到了自己的利益，海依并没有取得任何成果。面对海依的失败，亚当斯没有什么办法，也不知道怎么做。

海依拥护对中国统治，但是，结果是失败的。很多欧洲国家，也

看到了这样的结果，他们没有任何行动，也不知道应该做什么，就和亚当斯一样。

就在这次失败之后，海依似乎一下扭转了自己原来的方向。他将欧洲放在了一边，不再关心欧洲的事务，重新定位了自己的战略计划。海依的做法挽回了公使团的荣誉，也为中国带来了间接利益。

海依的行为让所有的人都感到惊讶，欧洲人没有想到，亚当斯也没有意识到，海依会这样做。这可以说是美国外交史上非常炫目的一篇，让所有人都为之惊讶。

亚当斯回到了华盛顿，他看到了所有人的表情，他们和亚当斯一样，都为海依所取得的外交成就而感到惊讶和兴奋。

海依回到了华盛顿，并马上投入新的工作中。海依将欧洲移出了自己目前的战略计划，所有的人都按照他的想法进行，没有人提出任何反对的观点和意见。所有的人都给予海依发自内心的掌声，这是对海依外交成功的赞美。

之前的外交耻辱，早已经被大家忘记。曾经的美国也和现在的中国一样，有过受屈辱和蹂躏的历史。但是，现在的美国已经不同了，它正在逐渐强大起来，不再是弱者。美国的外交已经迎来了自己新的篇章，之前的一切已经成为历史。

海依在工作中，不断展现出自己的才能，并且让更多的人看到他的技巧和能力。这一次外交的胜利，对于海依来说是巨大的鼓舞和振奋。

但是，有一件事情没有发生改变，在海依工作时，最大的阻力仍然来自国内，他仍然需要付出几倍的努力，才能让自己的工作取得一定的成绩。

对于总统来说，他已经拥有了世界上最强大，也是最优秀的外交团队。随着美国国力的不断增强，美国自身的外交事务也越来越多，对外交团队工作效率的要求也越来越高。

由于国务院的事务不断增加，也使海依与参议院的矛盾越来越大。

参议院的很多人都十分不满海依的处事行为。

海依为了可以更好地协调各种事务，开始花很长时间阅读国务卿昆西·亚当斯当时的日记。但是，当时的时代已经不是昆西的时代，昆西那时一定也遇到过很多阻碍。但是，与现在海依遇到的阻碍相比，是没有任何可比性的。

亚当斯也感觉到了海依的无助，从每天下午的散步中，就可以很清楚地感觉到。但是，亚当斯也没有任何办法可以帮助海依。

事情似乎在向不错的方向发展着，海依曾经面对的那些比较棘手的问题，都在向有利于他的方向转变。海依在这个时候，已经没有任何精力去关注国外的动向，他把所有努力都放在了化解国内的危机上。

可是，在海依不断化解危机的同时，卡西尼不但在参议院阻碍事务的进程，对于中国问题也一直在以自己的方法进行。他的思想不但和总统不一致，和海依的想法也没有任何联系。卡西尼完全是在按照自己的意愿做事，他的目的让所有人都感到恶心。

如果是在大学里，是绝对不会让这样的人掌握任何权力的。但是，在参议院，却没有人可以阻止这件事情的发生。同时，任何一个议员的反对票都有可能使正在审理的议程停止或者撤销。

面对这些阻碍，海依可以做的只是忍受，忍受这些议员给他带来的困难，并想办法去解决这些事情。

议员们也非常奇特，他们只愿意待在自己的州，并不愿意转换地点。尽管可能会获得更加高额的薪水，他们也不愿意换。

海依唯一可以做的，就是通过在海外签署的，有利于本国的协议和条约，用这些和参议院交换自己的议程通过权。

最后，海依没有得到任何回报，反而使时间一点点地浪费掉，所有的利益都归参议院所有，这就是最终结果。

这样长期的工作，这样不断重复着这些令人厌烦的工作，海依渐渐失去了自身的幽默感，也开始抱怨和痛恨这样的生活，但是，这是海依自己的选择。亚当斯也逐渐失去了自己的老友，这个世界也让他感到越来越烦躁。

亚当斯已经 60 多岁了，这样一位老人还在自己的人生道路中寻找接受教育的机会，实在令人钦佩。这些生活中的琐事，似乎对亚当斯已经没有任何影响了，也不会使他的情绪产生波动。

任何实际的利益对于亚当斯来说，都已经变得没有任何价值和意义。作为一名历史学家，要想能够对未来有所了解，就需要他具备极强的洞察力，并且可以了解两代人的价值观念和思想意识，要做到这些，是非常不容易的。

对于未来，历史学家只能从假设的角度出发，来判断和分析这一问题。每一位历史学家都需要想一下，这种社会制度将会持续多长时间，这种制度是否适合现在的社会发展，多长时间才可以看到社会的转型。这一切都应该是历史学家关心的问题，并且需要他们寻找答案。

亚当斯就是希望自己可以通过这样的一个三角定位，可以看到较远的地方，让自己可以掌握一些未来社会的发展动向。

很多人都不明白这种行为的含义，甚至有很多人认为，这是一种非常无知的行为。然而，亚当斯不在乎别人的评论，他只按照自己的想法在不断前进，也许在未来，他会得到答案。或许，他真是错的，但是，他也没有任何其他道路可以选择，他只能选择前行。

在亚当斯前行的道路中，他也越来越孤单。海依在经过慎重的思考后，也已经转向了其他方向。

而对于克拉伦斯·金来说，他自己已经没有任何能力前行了，他已经消失在亚当斯的队伍中。这里只剩下了亚当斯，他一个人孤独地前行，没有朋友的陪伴。

亚当斯来到了华盛顿，他希望在自己走之前可以见一下那些朋友，并告诉他们自己要去远方治病。

朋友们没有过多的话语，因为每一个人都知道，他们的确已经到了这样的年龄，每一个人都面临着这样的道路，别无选择。但是，伤感之情还是流露在三个人的脸上。

没过多长时间，金的身体状况越来越差，并最终离开了这个世界。

亚当斯和海依在经历了金的离去之后，他们的生活也似乎失去了一道亮光。对于海依来说，他还有自己的家人，可以作为他的支撑，他还有他的工作和事业，可以让他从失去金的痛苦中走出来。

但是，对于亚当斯来说，他是孤独的一个人，金已经成为亚当斯生活的一部分，失去金的痛苦，弥漫在亚当斯的生活之中。

亚当斯很难过，不知道应该怎么办，他的内心十分痛苦。亚当斯几乎已经没有任何力气再往前走，也不知道自己未来的道路在哪里。亚当斯希望自己可以从悲痛中走出来，可以寻找到自己的目标和方向，可以找到活下去的勇气。

可是，回顾自己的人生，亚当斯依然无法忘记金，他仍然希望金可以活在自己的身边，可以给自己动力，并且帮助自己战胜所有的一切。现在的亚当斯是如此的脆弱，对生活几乎已经绝望。

亚当斯不知道自己现在应该做些什么，他开始整理自己那些非常凌乱的科学思维。亚当斯开始回想自己儿时的玩具，那时，磁铁占据了很重要的位置。

亚当斯开始翻找自己的书籍，希望从这些书籍中寻找到任何线索和内容。但是，亚当斯失败了，经过长时间的整理，还是没有调试好磁铁和力之间的方位。

或许从一开始，亚当斯就不可能成功，因为关键不在磁铁，也不在任何相关书籍身上，而在于亚当斯自身根本没有任何心情，他的内心根本没有投入到这件事情中。

随着后续研究的不断深入，亚当斯不断了解了磁铁的特性，也证明了磁铁在生活中的重要性以及各种复杂性。

这种磁力似乎在亚当斯的生活中产生了一系列的连锁反应，几乎在哪里都可以发现它的踪迹。无论是在政治中，还是在历史中，亚当斯都摆脱不了它的干扰，这让亚当斯十分痛苦。

这就似乎是一种魔咒，对于总统也是一样，一切都是在循环中进行，任何人都不可能摆脱这种状况。

人的一生都在斗争中生活，任何阶段都有自己的斗争对象。但是，每次单独的斗争总是强者以及统一体获胜。在任何一次斗争中，人们都会屈服于其他大型团体，无论是银行还是其他托拉斯集团。

亚当斯认为，在自己都已经接受完所有的教育的时候，突然出现了磁铁。它的出现也让亚当斯的教育再次开始，亚当斯再一次将自己所有的激情又投入到自己的教育中。

在亚当斯寻找这些答案的时候，他翻出了自己之前写过的一些文章，希望可以从那里寻找一些灵感和内容。亚当斯仔细阅读之后，感觉到这些文章非常棒，也让他感到莫名的兴奋。

亚当斯重新找到了自己的兴趣点，他开始用大量的时间翻阅有关地质的书籍。在阅读这些书籍的过程中，亚当斯感到非常快乐和愉悦，也有想要看下去的动力。

在阅读的过程中，亚当斯会产生许多奇思妙想。在这些想法产生之后，他会试着去寻找答案，也想知道自己的朋友大脑中会想些什么。亚当斯就是带着这些兴趣一遍一遍地阅读这些关于地理的书籍，让自己投入新的生活之中。

对于动物来说，如果要想培养动物的认知，就必须从小对动物进行圈养，否则很难达到一致性。

这就相当于学习和认知形成的过程，人也是一样。对于一个人来说，他年龄越大，其本身也就越具有知识性和认知能力，要想改变其思维就相当困难。即使一个非常简单的事物，也会让他产生很多复杂的思想。

孩子的思维则是非常简单和单一的，是非常容易理解的。面对地质学，亚当斯无法判定它是单一性还是复杂性，一切都是未知的。然而，亚当斯却感觉，这很大程度上取决于个人的年岁大小。

亚当斯开始去探寻这些内容，并希望可以从中找出答案。亚当斯又找到了那些曾经一起参加地质探索的朋友，希望可以从他们那里获取更多的知识和内容。

他们一起去探索关于硬鳞鱼的知识，但是，亚当斯并不愿意对这些硬鳞鱼发表任何观点和意见。

亚当斯认为，自己知道的内容并不多，也没有其他人了解得详细，所以他不愿意在毫不知情的人面前，卖弄自己的学问。这不是一位严谨学者应有的作风，也是亚当斯所摒弃的。

亚当斯的知识并不全面，但是，亚当斯希望可以通过别人掌握的知识，证明外形所产生的变化对力的影响。

亚当斯似乎已经得到了答案，因为硬鳞鱼自身已经给了亚当斯答案。在经过这么多年的发展，硬鳞鱼还是保持了自己原有的状态，没有发生任何变化。

对于亚当斯来说，硬鳞鱼在长期的发展中，竟然没有发生任何改变，这也让进化论失去了自己的立足点。

在研究完硬鳞鱼之后，亚当斯又转变了新的方向，开始了对广阔宇宙的研究和认知。对宇宙的研究不同于硬鳞鱼，它包含的范围十分广泛，并且十分复杂。

亚当斯在研究的过程中，遇到了很多困难和不解。这些问题已经远远超出一个业余人员的知识范畴，可见非常复杂和难解。

对于地理，亚当斯用了很长的时间进行研究和学习，所有的学科都在发展的过程中不断壮大和完善。对于人类而言，其实也是如此，人类是在不断发展和变化的，任何一个成年人都会明白这样的观点。

好比学生，他们很喜欢进入不同的学习状态。就好像在四个季节中，很多人都喜欢春天，无论你是生气还是高兴，春天都给人类一种生机和活泼的感觉，所有的一切都让人感到快乐和兴奋。

但是，在亚当斯、海依、金他们所处的世界中，他们的经历似乎并没有这么顺利。他们被巨大的综合体所包围，就像一个弱小的粒子一样，只能随波逐流。

亚当斯也想回到从前，回到自己年少的时候，和自己的父亲以及家人再重新开始新的生活。亚当斯也想再回到哈佛学院，还想再回到自己的朋友圈中，重新开始自己原有的生活。

但是，这根本不可能，没有任何机会让他回到从前。这样的想法似乎并没有任何意义，也没有任何效用。

» 【亨利·亚当斯的教育启示】

对孩子来说，关注周围环境，关注世界形势，了解各国走向，能让孩子增长知识，开阔眼界，提高思想认识水平。

父母可以让孩子在日常生活中多读报，多听广播，多看电视上有关国际时事的节目，也可以让孩子利用网络了解国际形势，这些对孩子的学习和生活都会有很大的帮助。

41. 请保持生活的规律和有序状态

亚当斯在一天天老去，他在世上的时间也所剩无几了，亚当斯希望自己余下的时间可以在巴黎度过。

在亚当斯看来，巴黎是非常适合进行教育的地方，这里的一切似乎都在呼唤着他。而且，亚当斯认为，再也找不到任何一个地方，能比巴黎更加适合进行教育活动了。

环顾世界，亚当斯看到的是更为活泼和向上的现代巴黎，这里的一切都是非常完善的。如果真的去谈详细的教育问题，亚当斯这个只是接受了一些偶然教育的人，并不会讲出更多的内容。因为这样的问题，已经超出了亚当斯的能力范围。

但是，排除教育，这里所有的一切都没有发生什么变化，还是原来的样子。孩子还是在玩着自己喜欢的玩具，每一个人还是在非常认真地谈论着自己感兴趣的话题，并且十分享受其中的感觉。

尽管这个时候，中国已经沦为半殖民地国家，但这丝毫也不会影响巴黎的一切。所有的人都把自己的热情投入到工作中，他们对工作的热情，对生活的满足，都写在了脸上。

尽管每一个人都付出了所有的热情，但是，结果却是非常混乱。亚当斯没有任何办法摆脱这种状况，就像当时的美国社会一样，社会发生了巨大变化，整个社会都处在非常混乱的状态，根本不知道前进的道路和方向。

这就和现在的巴黎是一样的，巴黎正处在社会变革的阶段，每一个人都是盲目和无助的。上了年龄的人，因为时间的追赶希望可以马上进入状态，并且希望自己可以不被时代所抛弃。

只有年轻人才会心情放松地前进着，因为对他们来说，还有很多时间可以进行学习和选择，不必急于一时。

　　此时，亚当斯的身体状况已经远远不如以前，很多适合年轻人的活动，亚当斯已经不能勉强自己参加了。不仅如此，连一般的休闲娱乐活动，对于亚当斯来说，也是一种负担，他已经没有了参加这些活动的能力。

　　年轻人喜欢去一些娱乐场所，他们会玩到很晚。但是，亚当斯无法做到这一点。每天晚上，一到固定的时间，亚当斯就需要补充睡眠，需要上床休息。这些事情，对于亚当斯来说，已经没有办法称之为教育了，亚当斯已经没有能力再接受这样的生活教育了。

　　对于这些，亚当斯无能为力，这多多少少让他感觉有些心酸。

　　但是，亚当斯希望可以回顾一下自己年轻时的生活，这样也可以让他的内心感到一丝欣慰和快乐。

　　不久，亚当斯又开始认为，自己现在的生活太平淡了，他在考虑是否应该寻找新的目标和方向，他想到贝尔鲁斯看一下，感受一下那里的生活。

　　也就是在这个时候，洛奇夫人来到了亚当斯身边，并邀请亚当斯和他们一起前往贝尔鲁斯。亚当斯很高兴地接受了洛奇夫人的邀请，并开始收拾行李，和他们一起启程前往目的地。

　　当他们来到贝尔鲁斯时，发现所有的一切都发生了变化。这里不再是原来的样子了，原来这里的任何节日，都会引起很大的影响，尤其是精神方面的影响。

　　这里，现在已经变成了一个艺术的海洋，虽然是处在十分偏远的位置，但是，这里的艺术氛围却没有任何下降，一切都是那么富有艺术感染力。

　　在这里，亚当斯接触了很多人，也与这些人进行了简短的交流。其中还包括一些无政府主义人士，但是，亚当斯并不愿意和社会主义人士进行接触。

　　因为，在亚当斯看来，这些社会主义人士是非常疯狂的，并且没有任何正确的认知。同时，社会主义人士一般都是出自社会底层人士，亚当斯不愿意接触这些人。

　　对于这里的无政府主义团体，亚当斯也没有很深的了解，这些团体也没有给亚当斯任何了解的机会。

　　亚当斯曾经告诫过很多年轻人，让他们在出门旅行的时候，一定要与一位议员同行。这样在旅行的过程中，可以得到很大的便利。

　　尤其是在俄国，因为俄国非常仇视无政府主义的人士。所以，当身边有一位议员时，旅行就会变得非常顺利。

» 【亨利·亚当斯的教育启示】

　　规律有序是一种很好的状态，生活规律有序会带给孩子安全感和稳定感。所以，父母有必要培养孩子规律有序地安排自己的生活。

　　孩子还小，意志力不够坚强，在生活中处处需要父母的监督和提醒。父母要具备充分的耐心，直到孩子可以规律有序地生活和学习。

42. 了解世界各国状况，培养国际视野

其实，无政府主义团体也是亚当斯十分信奉的一种组织。亚当斯和贝依·洛奇两个人，就组成了一个无政府主义团体。

无政府主义本身就是一个矛盾的结合体，他们的团体中也只有两个成员，因为没有第三个的位置。矛盾也只有在对立的过程中才可以很好地显现出来，他们也经常相互否认对方无法胜任这样的角色。

这个组织也就在亚当斯和洛奇的不断否定和假设中不断成长和发展，并让他们不断得出新的认知。

在亚当斯看来，无政府主义有着自身的一种秩序感，是非常明确的。他们没有各自非常明确的责任，但是，他们每一个人都非常明确自己的目标和方向，也知道自己应该向哪里努力。他们会储存非常丰富的能量，为的就是可以尽快实现自己的目标和准则。

他们会为自己的目标而努力，并且也会提升自己的做事速度和能量，因为他们每一个人都非常清晰地知道自己的目标和责任。

无政府主义思想对于很多人来说都是陌生的，甚至也没有黑格尔的思想更容易被人接受。亚当斯知道，这一切都是非常漫长的，不可能马上被人们接受。亚当斯并不在意，他只是按照自己的意志一直进行研究。

但是，亚当斯似乎还在追寻，寻找一些自己想要的东西。按照黑格尔的思想，亚当斯想去寻找无政府主义在现实的存在，他来到了俄国，希望可以在这里寻找到自己一直期盼见到的场景。

　　沙皇俄国处在一个无政府主义阶段，这里所有的一切都是无政府主义者所倡导的，这里的一切都是十分活跃和兴奋的，并且可以对事物做出巨大的反应。

　　一切都可以在俄国的社会中寻找到，在早晨，你可以看见车厢中的犹太人，你也可以看见很多农民在为自己一天的生活而祈祷，这些都是他们自发的行为，没有任何人进行干预和指导。

　　俄国可以说是欧洲社会中一个非常奇特的国家。无论是这个国家的建筑风格，还是这个国家的科技发达程度，都无法将之与欧洲其他国家相比较。

　　但是，这一切似乎并不会对俄国造成任何影响和迫害。当你注意到这些无政府行为的时候，你就会感觉到这个国家的意义和价值。

　　但是，似乎一切都已经接近尾声。牧民在漫无目的地畜牧，似乎已经抛弃了他的羊群和牧群。同时，所有的一切都像发生了错位，这不是正常的感觉，这就是俄国所表现出来的状态。

　　对于任何一个民族来说，这种状态都是难以改变的，而且，就算想要改变，也找不到改变的方法。就算给这个民族强加上一件现代化的大衣，也无法改变其内在的本质。即使是美国也是一样，一个民族所固有的东西是没有办法改变的。

　　事实上，俄国的领导人对于自己国家的发展现状，也不甚满意，领导人每年都会投入很大的精力和时间去解决国内所出现的困境。

　　可是，似乎一切并没有任何改变的迹象，一切还是在原有的轨迹上前进。俄国也随着时间的推移，而被其他国家所抛弃，没有能够实现自身的飞跃发展，帝国辉煌已经不再。

　　亚当斯在了解这些信息之后，也开始思考一些问题，并希望参议员可以给出一个合理的解释。亚当斯询问参议院，俄国是否可以重新进行对西部的发展规划，这样似乎可以恢复俄国的生机，促进俄国的发展。

对于这些问题，参议员并没有给予回答，或许他并不认为这是一个好的建议。但是，亚当斯认为，对于俄国来说，只要是有益的东西，都应该尽可能地吸收。

在这短暂地停留了一些时日之后，洛奇一家打算去柏林。然而，亚当斯却提出了异议，他不愿意去那里。

在柏林，有亚当斯太多的回忆和感情，他不愿意再想起往事，也不愿意再让柏林给自己添加新的记忆，这一切都让亚当斯感受到伤感和难过。

于是，他们分开旅行，亚当斯独自前往瑞典，洛奇一家则去了柏林。亚当斯在进入瑞典境内之后，就直接去了斯德哥尔摩。

亚当斯来到这里，想为自己一直无法解开的谜团寻找一个答案。亚当斯并不认为这些人比自己更加了解俄国，尤其是在美国，如果一个部长与他谈论俄国的未来，他也不愿意听取。

因为，如果有人说出这样的话语，只能说明他根本不了解事情发展的真相以及事件变化的程度。

尽管整个俄国的发展处于下降的状态之中，但是，任何人都不能轻视俄国。它并不是一个可以轻视的对象，它的能量随时可能会爆发。

亚当斯不知道人性的追求到底到何种地步，他也曾经不止一次问过自己，自己对现在的一切满意吗？可是，连亚当斯自己都不知道答案是什么。

欧洲还是原来的样子，没有任何大的变化。波兰和匈牙利人依然在反抗沙皇的种族制度。

每一个种族都会为自己族群的利益而抗争，并为自己争取最大的利益。但是，在亚当斯的脑海中，却没有任何种族的概念和认知，也没有人告诉他，他应该如何理解这个问题。

任何一个历史学家，在面对种族相关的词汇时，都不会有任何停留。但是，种族学者却会与持进化观点的人们进行辩论。

我们需要一个主要线条，以帮助一切进行完善和发展，否则，就失去了研究的价值和意义，变成了一个单纯的历史故事。

除了沙皇俄国，欧洲的其他国家似乎都充满了激情和活力，给人一种热情四射的感觉。但是，在面对俄国时，它们的内心还是会恐慌，也会害怕。

亚当斯在斯德哥尔摩看不到在沙皇俄国那样的阴森和寒冷。与俄国相比，这里风景秀丽。亚当斯在这个城市游荡，欣赏着这里的风景，感受着内心的忧郁。

后来，亚当斯去了新的国家——挪威。

亚当斯曾经是一位历史教师，有着非常丰富的历史知识。但是，此时亚当斯却认为，自己非常愚笨，而且没有任何思想。在一定的情况下，可能任何一个美国人都会对自己产生这样的认知。

在这次挪威之旅后，亚当斯深切地感受到了自己的无知，这也让亚当斯的思想受到了一些刺激，由此发生了一些改变。

同年，亚当斯搭船前往亨墨菲斯。

亚当斯来到了亨墨菲斯，开始欣赏这里的风景。在这里，到处都是白色的雪花，茫茫一片，没有边际。

在亨墨菲斯，没有很多的娱乐活动，能看到的只是驯鹿的人和忙碌的渔民。这些并没有吸引亚当斯的注意，他迷上了这里的灯光。灯光留在他脑海中的印记，就像当时俄国给他留下的印象一样深刻。

亚当斯感到相当惊讶，因为他没有想到，在冰雪覆盖的亨墨菲斯，竟然也出现了电灯。亚当斯看着自己眼前的电灯，一直非常惊讶，他也无法解释自己的这种状态。

尽管如此，这里的一切还是让亚当斯感觉到很安详，也让亚当斯有一种庄严和肃静的感觉，一切都很值得回味。

当亚当斯返回斯德哥尔摩的时候，在餐馆的报纸上，他看到了总统麦金利的消息。报上说，麦金利总统似乎身体已经出现了异样，美国国内即将发生巨变。

亚当斯看着这些报纸，上面不仅有总统的消息，也有关于海依以及罗斯福的报道。

过了没多久，亚当斯又在报纸上看到了麦金利总统的消息，这次，报上指出，麦金利总统逝世了。无论是总统的逝世，还是新总统的继任，都没有对亚当斯产生任何影响。

亚当斯并不关心这些事情，唯一可以让他的情绪产生波动的，就是来自亲人和朋友的电报。这一切都是如此神奇，仅仅是一根电线，就可以让亚当斯感受到朋友和家人的亲情，这也让亚当斯震撼。

所有的这些变化，都让一个历史学家对自己曾经深信不疑的哲学开始产生质疑，并怀疑自己的认知是否正确。亚当斯发现，似乎所有的一切都在以非常惊人的速度发展和前进，一切都让人感觉到神奇和不可思议。

在返回看沙皇俄国，似乎已经远远地被世界所抛弃，甚至没有喘息的机会。

亚当斯一直不断向北前进，看到这里的一切，这似乎让亚当斯感受到了自己曾经没有感受到的一些东西。在这里，亚当斯感觉到了挪威人的祖先在面对极地冰川时，所做出的抉择。

可能，曾经的他们受到很多人的压迫和束缚，尤其是沙皇俄国。面对前面的一切，他们没有退路，与俄国相比，可能前面并不凶险。这就是祖先的选择，可能这里曾经有成千上万的人面对绝境做出抉择。

现在，他们已经在这里繁衍了无数的后代，虽然看起来和自己的祖先并没有过多的差异，这些人仍然生活在自己的困惑之中，并没有任何突破。

亚当斯知道很多知识，而且在这些知识中，有很多知识都是当地人所不知道的。于是，亚当斯传播自己所知道的知识，也更加了解自己的无知。

亚当斯又一次开始了自己的旅程，开始扭转旅行的方向，转向南方。

亚当斯先后经过了很多地方，来到了德国。在德国，亚当斯去了汉堡，还游览了科隆，又去了不来梅和基尔。亚当斯转了很多地方，产生了很多前所未有的感受。

在汉堡，亚当斯感受到了一种美国的情感，这也是他唯一一次感觉到美国气息。伯明翰并没有发生任何改变，还是原来的模样，还是一个煤场。

反观科隆，是一个铁路枢纽，是一座非常繁忙的城市，这座城市给人一种非常忙碌，却又不集中注意力的感觉。

在亚当斯看来，这时的德国非常具有现代气息，一切都非常先进。可能是因为德国可以出产大量的煤炭，如果没有煤炭，德国可能就没有这么强烈的现代感。

多瑙河则是一条非常重要的河流，它是联系亚欧的纽带，也是非常重要的海上交通要道。在德国的北部，可能会让人看到俄国的阴影。但是，随着时间的推移，一切都逐渐消失。

在德国剩下的，也只有煤炭遗留下的痕迹，这一切对于亚当斯来说已经没有任何意义了。亚当斯已经 63 岁了，对于现在的他来说，几乎任何事情都没有意义和价值了。亚当斯希望可以用自己所剩无几的时间进行最后的学习。

但是，在这段时间，俄国则是让亚当斯感觉到非常头疼的知识，因为他已经没有能力去消化关于俄国的一切了。

德国是一个围绕煤炭行业而不断发展和进步的国家。沙皇俄国虽然是一个没落的国家，但是，其实力依然不可小觑。所有的一切都在发生变化，所有的力量都在不断增强或者努力变强。

俄国的势力范围似乎正不断向中国扩张，但是，在这个过程中却有着海依的阻碍。任何人都没有办法解决这件事情，只能看领导人是如何决断的。

» 【亨利·亚当斯的教育启示】

　　当今社会，各国之间的竞争越来越激烈，联系也越来越密切。父母要想让孩子以后能有好的发展，必须从小培养孩子的国际视野和竞争力。

　　父母可以让孩子多了解各国的状况，对整个世界形势也有一定的认知，这对于孩子以后确定自己的人生目标和职业方向有很大的作用。

43. 刻意结交身边的"重要人物"

时间已经进入了 1902 年，这一年对于海依来说，是非常痛苦的一年。海依较小的儿子非常不幸地在一次意外事故中死亡，海依非常伤心和难过。

在海依还没有从失去儿子的悲痛中走出来的时候，总统突然离世了，这无疑又是一次重大打击。这一年，似乎随时都会听到死亡的噩耗。

没过多长时间，金给亚当斯寄来了一封信，信中暗示着金也即将走向自己人生的终结点。果然，金很快去世了。

金是亚当斯的至交，他的离世对亚当斯来说是致命打击，看着金孤苦地死在客栈里，亚当斯的内心有说不出的心酸与难受。

亚当斯在收到金的噩耗之后，便匆匆赶去参加葬礼。之后，亚当斯前往华盛顿。亚当斯知道这里发生的事情，也知道这个时候的华盛顿是非常混乱的地方。

但是，这场革命似乎没有造成任何影响，整个社会还是在按照自己的秩序不断地前进和发展。

亚当斯不断问自己：生活有意思吗？自己不断追寻教育，最后又得到了什么？亚当斯觉得自己变得更加无知了。

海依面临着新的抉择，他可能愿意留任，也希望罗斯福可以让他继续工作下去。海依想到的原因是，这样做可以减少辞退他的麻烦。

亚当斯已经没有了这样的追求，以他的年龄而论，他也不需要再接受任何教育，一切似乎没有任何追求的意义。亚当斯也失去了那些仍然再为不知名的权力而奋斗的友人，又回到了自己孤独的生活中。

罗斯福已经就任了美国总统，这已经是不可改变的事实。但是这个时候，他才只有 45 岁，而亚当斯他们已经是 60 多岁的高龄了。在他们看来，这位总统上台之后的一切都会发生变化，不会维持原来的状态。

所有人都知道罗斯福是怎样的人，在他的血液中流淌着的是活力和激情。罗斯福所有的朋友也认为，他是一个极不安分，也不会按部就班的一个人。任何人都不清楚他会用自己手中的权力做什么事情，亚当斯当然更不清楚。

现在，罗斯福已经进入白宫，一切都已经成为事实。海依不知道，未来的决策中将发生怎样的改变，考虑这些似乎也没有什么意义。

一切都已经成为定局，他们也不可能和总统成为真正的朋友，无论是从年龄还是身份来看。历史中很少会体现人性，人性也不符合社会发展的各种要求，尤其是在政治争斗中。

路西亚斯·塞尼加就是一个政治的牺牲品，作为之前的权力纽带，在所有的人都得到各自的权力之后，塞尼加只得到了自己学生一句非常冷漠的回答，就是希望他在这个世界上消失。

这是一个真实的事件，塞尼加也由此知道，那些已经获得权力的朋友已经不再是自己的朋友。在政府的团体中，他开始减缓自己的行动速度，也不再关心这些事情。

在整整一年的时间中，塞尼加的大部分时间都用在了睡觉上，很少关心政事。所有的人也看到了他的这种行为，无论是总统还是议员，都已经不再关心他是否存在。

这就是在职场中所得到的教训，所有的人都会有这样的认识，认为只要是自己的朋友掌握核心权力，势必会让自己得到一定的利益。可是事实证明并非如此，自己的朋友掌握权力，对自己反而是一种危险。

如果有人为这个问题向亚当斯请教，亚当斯一定会将自己的经验告诉这些人并强调，一定不要对自己的朋友掌握权力产生任何幻想。

因为对于任何人来说，权力都是一个非常可怕的东西，任何获得过权力的人，都能感觉到其中的利害关系。

在一个人突然获取更多权力的时候，就会变得十分狂躁，任何人都是如此。也许一段时间之后，这个人会明白，应该将自己的权力进行合理的分配。

但是，任何人都不会在权力面前做到完全的公平，这也是危险产生的根源。因为在权力之中，所以并不知道危险的靠近，这才是最危险的。

对于权力的获得者，任何人都会希望从他手中得到一份利益。总统也不知道，有多少人正在虎视眈眈地看着他，并希望获得一些权力。

总统的性格中有一种非常奇特的直率，这种直率不应该在一个政治家的身上出现，这或许就是他的本性。

但是，罗斯福的性格中本身就孕育着疯狂和躁动，这一切都在其执政的第 2 个月时表现了出来。似乎一切伪装的力气都已经在第 1 个月耗尽，现在剩下的就是原本真实的罗斯福。

罗斯福的脾气不加掩饰地显现出来，让所有人都感到恐惧和不安。总统拥有巨大的权力，在这种权力的背后，一定要有一种约束力，以制约总统的权力。只有这样，才能真正维护社会和国家的稳定，以防止其权力过大。

这似乎是亚当斯人生中最后一个教育实例了，这是一次跨学科的教育，无论是在历史学上，还是在政治学中，都会产生一定的影响。

一件事情对于任何一个人的教育意义，都是不一样的。对于罗斯福来说，可能没有任何作用和意义。但是，让亚当斯感到十分诧异和不解的是，这件事情对海依和洛奇也没有产生任何影响。

可能，在海依看来，能让他有深切体会的事情，应该是他手中的能力在不断减小，总统对他也不信赖。而这件事情没有对洛奇产生影响，可能是因为他还没有一个非常清醒的认知，不知道现在的总统到底是自己的盟友，还是一个已经将自己放弃的野心家。

对于这些人来说，洛奇还是具有一定的作用意义，虽然他仅仅是在马萨诸塞州。但是，他在马萨诸塞州还是具有一定的影响力和公信力的，也会对一些政治事务产生一定的影响。

波士顿人似乎还生活在原有的生活节奏之中，他们没有办法让自己很快适应更快的生活节奏。

亚当斯想起，一位友人曾经告诉他，在政界中，几乎没有什么办法可以让这些优秀的英格兰人全部团结在一个非常优秀的领导人周围，尽管这位领导人也是英格兰人。

要想让现在的社会发展和前进，就需要新的活力的推动，否则，社会很难前进和发展。在社会中，最有想法的要属爱尔兰人，但是，他们天生傲慢，几乎无法融入社会群体中。

同时，另外一种阶级也在迅速成长，这就是社会主义无产阶级，他们似乎是一种更具有影响力的阶层，要远胜于爱尔兰人所组成的集体。

新的力量不断发展，不断实现自身的完善，直到社会无法支付新的力量发展所需的金钱为止。作为单独的个人，不会为社会的发展而付出自己的代价。

不需要任何怀疑，亚当斯的内心一直是更倾向于洛奇那里的，也希望洛奇可以过得好。如果要让亚当斯对洛奇进行评价，恐怕不是一件非常容易的事情，这要比让亚当斯评价总统更加困难。

洛奇和罗斯福是两种完全不同的人，洛奇是通过自己的努力而形成的一种性格，他的所有素质也是通过后天培养而得出的。但是，罗斯福却不一样，他所表现出来的更多是其本身所具有的，而不是经过后天培训所得出的。

洛奇是完全不同的一个人，他有非常远大的抱负和思想，并愿意为此付出自己的努力。这或许是波士顿人所特有的品质，但其内心也非常躁狂，希望获得更多自己想要的成就。这是亚当斯对洛奇的看法和观点。

可以这样说，洛奇是一位非常优秀的人物，无论在任何方面都表现出自己非凡的才华和造诣。他有着非常清晰的想法和思路，知道自己追求的方向和目标。可是，在政治变革之后，洛奇的地位似乎发生了转变。

洛奇强迫自己压制情绪，并强迫自己保持冷静。洛奇这时似乎已经迷失了自己，不知道自己到底是什么。他也怀疑自己是否还是豪放的北方人，或是哈佛学院的历史专家，或者仅仅只是富有一腔热血的爱国人士。

可能，洛奇只是他自己。洛奇不喜欢德国以及法国的大部分东西，不喜欢他们的艺术以及他们的其他大多数行径。唯独只有莎士比亚的缺点，是洛奇所认可的，这是非常让人诧异的行为。

洛奇喜欢政治，也希望自己可以在政界中有属于自己的地位。对于一切政治行为，会有自己的立场，也会对一些政治游戏采取自己的行动。

洛奇本身的政治行径没有任何可以引人注目的地方，几乎可以说是平淡无奇。但是，洛奇并不在乎别人对他的观点和看法，似乎一切他都可以接受，只要不是非常过分的行径。

亚当斯和洛奇一样，都是一个地地道道的波士顿人。亚当斯非常了解洛奇的思想和行为，也知道洛奇所表现出来的一切状态。可能，就像波士顿人自己所说，只有波士顿人才最了解他们自身，其他人可能没有办法获取如此明确的认知。

亚当斯的思想有时候也十分矛盾，在谈论英国思想的问题上，很多时候，亚当斯认为它们是不可信赖的。但是，有时候又会从另一个方面来论证，英国思想是十分宝贵的。

亚当斯从来没有对英国的思想进行充分的肯定，但是，对于法国、希腊以及意大利的思想，却是十分推崇的。

从一个方面来说，可以将莎士比亚的作品作为无政府主义的书籍加以认知。亚当斯认为，在莎士比亚的作品中，表现出很多无政府主义的观点。亚当斯愿意去看这些内容，亚当斯也愿意去欣赏其他非常幽默的英式作品。

亚当斯没有任何政治追求，作为一名无政府主义者，只是在不停地对现今政府进行嘲笑和讽刺，政府对亚当斯没有任何影响。因为他既不是议员，也不是政府官员。

亚当斯所探索的双重标准，或许并没有任何意义和价值，也没有什么人去关心这一话题，或许，可能只有亚当斯一个人关心。

不管是洛奇，还是罗斯福，他们都只是在自己的政治圈中进行利益争夺，他们也不会关心亚当斯的这些标准。

对于亚当斯来说，这里似乎没有任何值得留恋的东西，这里的一切都不会让他感到快乐，他的圈子也渐渐远离了这里，留下的只有这些不停歇的演员和导演。对于学者而言，已经没有其本身的研究价值。

这是亚当斯通过自己的实际经验而得到的结论，也希望能够给别人带来一定的启示。跟海依的关系还可以继续维系，这可能跟海依的工作主要是涉外有一定的关系。但是，与罗斯福以及洛奇的私人关系却难以继续保持下去。

一个国家前进和发展的重要过程，就是其本身大机器化生产以及技术不断提升的过程。同时，也需要一些非常有经验的管理者，可以很熟练地对这些内容进行管理和运用。

政府的工作就是对社会上所有的人进行整合和管理，让他们可以处在一个非常有秩序的环境中，正常地展开工作和学习。

这些管理国家的人有时候给大家一种十分遥远的感觉，但这些人也是非常值得所有人去关注的，尽管他们离所有的人都非常远，没有任何情感可言。

但是，这些人却是整个国家机器的控制者，管理着整个国家的发展和运行。其中的政治价值，更是国家运行的关键。

或许他们并没有什么言语，但是，他们中蕴藏着促进社会发展的巨大动力，这就是社会发展的关键所在。他们拥有无限的权力，可以控制整个国家的发展，但这些权力也是人民赋予的权力。

人民将自己的权力交到这些管理者手中，就是希望可以看见自己国家的发展和进步，也希望自己可以生活在一个安逸、和谐的环境中。

因为这些人承担着较大的责任，相对应，他们也应该获得一些利益和报酬。

每当社会进行财富分配的时候，他们永远是在前面，这是毋庸置疑的。对于社会而言，其实就是一种力的主导，而这些人就是力的源泉，他们用自己的力去斗争，并获取自己想要争取的最大公众利益。

正因为这已经演变成一场以力为主导的战争，就需要人民可以更好地掌握这些机器，可以不断促进科技的进步与发展，这样才能取得最终的胜利。

这是亚当斯的政治观点，但是，并不是每一个人都同意这样的观点。很多人都可能会提出自己的反对意见，但亚当斯并不愿意对任何人的想法进行反驳或者进行争论。因为，在亚当斯看来，这样的行为没有任何价值。

在所谓的国内政治中，几乎每一个人都会拥有自己的目标或者方向，每一个人也都会为此进行奋斗，这些目标绝大多数都有一种私人目标倾向。没有人会拥有博大的胸怀，但他们也并不会远离公众目标，大家似乎非常一致地在这个目标周围行动。

国际事务是非常宏大的，几乎整个世界都已经摆在了每个人的面前。在世界战略中，每个人都要为自己的国家做出合适的定位，并帮助国家寻求正确的战略规划。

无论一个人多么渺小，在世界的环境中，都可能会让别人一眼看到他的行为，也或许在无意中就引起一场外交纠纷。在国际社会中，这样的事件极可能发生。对于历史研究，必不可少的就是国际背景，如果没有这样的基础背景，历史就很难进行下去。

所以，亚当斯一直确信，国际关系对历史非常重要。

亚当斯不需要别人去理解这些观点和建议，这只是他自己的认知，他也不想跟任何人进行解释。但是，作为一名老师，亚当斯会经常让自己的学生说出他们的疑惑，也会向自己的朋友耐心地说明。

作为国务卿，海依更多的时间是在国外的环境中，观察世界的动向，他十分自在，不受任何其他限制。无论是在国内还是在国外，国务卿的职责都是在观察周围的一切，看周围事件对自己的影响。

国务卿的工作并不好做，似乎时时刻刻都存在敌对的势力，想要给他制造麻烦。海依只能观察，并发现国会或者参议院所遗漏或者忘记的所有事件，并将这些事件重新提起，想办法使自己处在更加有利的地位。

但是，在参议院中，似乎总是存在不利于国务卿行事的各种阻碍因素。这些因素的存在，不但使国务院的工作困难重重，也不利于美国国内政治局势的发展。

他们之所以一直为国务卿的工作制造麻烦，更可能是想将国务卿变成自己控制的一位议员，可以服务于自己的利益需求。

这些事情，也让亚当斯获得了十分丰富的教育体验。海依就是为亚当斯提供这项教育的一个执行者，让亚当斯很好地了解了这些教育内容。

海依已经在国务院工作了很长时间，并且已经成为了一位非常有资历的国务卿。可能，任何一位国务卿都无法做到像海依这样的程度。

海依在外交事务中获得了巨大的成功和收益，他让整个国家都成为了其工作的坚强后盾。这是任何一任国务卿都无法办到的事情，这也成就了海依。海依并不需要任何人对他的工作进行询问，他有极强的自我意识。

　　海依要做的只是命令，并且让一些人可以很好地执行自己的命令，这也是他的工作内容。亚当斯可以近距离地从海依身上得到很多信息，也能得到十分清晰的未来发展蓝图，这是任何一个人都办不到的。

　　亚当斯只想通过海依，很好地了解未来世界发展的方向，明确从 12 世纪到现在一切政治发展的状况，以及对其他各个方面的影响和动力。

　　海依的外交能力一直都是非常优异的，并且获得了很多令人羡慕的成就。尤其是在与参议院的争斗中，在关于大不列颠问题中，获得了非常大的成功。这是海依当国务卿以来，在与参议院的争斗中获得的最大的胜利。

　　这也是海依在外交过程中非常辉煌的一页篇章，从那时开始，参议院不再提及任何关于英国的议程。

　　现在对于美国来说，最大的外交困难来自于自己的邻国加拿大，其次就是法国。但是在这些问题上，海依并没能战胜参议院，所有的提案也都是不了了之。

　　但是，英国却没有放弃这样的机会，它用自己的力量将法国纳入了这个团体。剩下的只有德国，或许这也是最难达成协议的一个国家。

　　但是，与俄国相比，或许德国要稍微好协调一些。要想劝服俄国，就必须满足俄国所提出的所有条件，只有这样，才能从根本上使其同意加入这一集团。

　　这是一个非常庞大的团体，也是麦金利总统的宏图伟略，只有这样才能完成其在海外的目标。

　　这种庞大的资本主义国家联合体就这样形成了，它的能力可以说是巨大的。在这次融合中，德国和法国的领导人不约而同地提出了一些类似社会主义的构思。但是，并没有获得大家的响应，只有海依同意这样的构思。这样必然会引起矛盾的争端，而且必须要化解这些矛盾。

对于德国来说，它的面前出现了两种选择，一种是和英法两国继续强硬下去，坚持自己的原则。另一种就是达成双方都满意的协议。

无论德国怎么进行抉择，海依都希望德国可以加入煤炭联盟，这样无论对任何一方的发展都是非常有利的，海依与德国、法国都是合作关系，这样可以形成一个非常大的集团联盟，也有利于美国未来的国际战略发展。

海依是一个非常优秀的外交家，有两个方面也是非常让人敬佩的。他非常了解每一个人的状态和情况，也知道如何使这些人帮助自己实现自己的目标。这仅限于海依的政治事业，对于他的生活以及其他方面，可能他并不具备这种能力。

这些都是亚当斯所获得的教育内容，所有的政府工作者都为亚当斯的教育做出了一定的贡献。亚当斯非常感谢他们所做出的努力，这让亚当斯能够达到一定的教育高度。

亚当斯也不可能再获得更高层次的教育，这些已经是他所获得的最高教育内容了，是通过一个国家的政权机构获得的。

亚当斯并不认为自己会对海依造成什么影响，相反的，自己却在很大程度上受到海依的影响。亚当斯有时认为自己很无知，内心已经完全失去了自信。

虽然亚当斯真的没有任何自信，但是，亚当斯还是拥有很强的能力，对力学、煤炭和经济学都有十分深刻的认识。

或许，这仅仅只是亚当斯自己的认识，反过来想一下，除开这些内容，亚当斯还了解什么，没有人可以回答，亚当斯自己也不知道。

如果俄国沙皇以及其他领导人都可以成为亚当斯的老师，像海依一样将他们所知道的毫无保留地告知他，又会有什么结果呢？或许亚当斯的答案还是一样的，基本没有任何收获。

» 【亨利·亚当斯的教育启示】

很多时候，孩子认识谁比他是谁更重要。父母要从小帮助孩子结交身边的重要人物，让孩子获得最优质的人脉。

这样做，不仅可以让孩子从重要人物身上学习到优秀的品质和能力，也能为孩子以后结交更多的人脉打下基础。

44. 承认自己无知，不断鞭策自己进步

时间飞快地流逝，没有留下任何印迹。尽管只是短短的一些时日，却带来了如此巨大的变化。但是，人类的思想并没有跟随时代的脚步一起前进。时间消逝，春季又来到了人们的怀抱，到处都是春意盎然。

雷诺尔·希特离开了这里，将自己一个小小的阁楼赠与了亚当斯。亚当斯就这样让自己蜷缩在这个阁楼中，度过自己所剩无几的光阴。

亚当斯的生活已经按照自己的想法进入了一定的轨道，这是亚当斯喜欢的一种活动方式。经过岁月的洗礼，亚当斯让自己回到了最初的原点。这时的亚当斯开始让自己着迷于另一种游戏，并且一下子爱上了这种游戏氛围。

游戏让亚当斯感觉到了新奇，让亚当斯有一种学习的欲望和感觉。亚当斯希望通过这样的方式，可以让自己得到新的启示和认知，或者可以提升自己的学习能力。

在亚当斯看来，力一直是一个十分奇异的东西，可以让所有人都得到很大的收益。这种能量是很多人都能够在未来获得收益的一种非凡的能量。

只要是能够被这些动力所启发的人类，都可以为社会带来巨大的成就，这就不禁可以让人想起牛顿或是笛卡儿这样非常伟大的人物。

对于社会的发展，任何人都不应该产生抵制或者慵懒的感觉，这样不会有任何好处。或许任何人的发展都需要一种力去吸引，并让其产生兴趣，这样才会使他们可以全心全意地投入到这件事情当中，否则，就没有办法促进人类的进步。

　　亚当斯开始将自己的注意力转移到贞女身上，希望从那里可以获得走向胜利的关键，也希望通过她可以寻找到上帝。贞女就好像是在怜悯一个不知道被谁遗弃的孩子，心中满是伤感。

　　贞女用自己的话语安慰受伤的亚当斯，希望亚当斯可以从悲伤的状态中走出来。因为，作为教师，亚当斯并不是非常无知的，还有很多人也是这种状态，亚当斯只不过是其中一个。

　　或许这是贞女的看法，亚当斯的内心就不是这样的感觉，但是，这是贞女从自己的内心所发出的真实感觉。

　　这就好像是在和阿奎那进行对话一样，他的话语向来是非常直接的。在他看来，这就是一种非常无私的爱的表现，一切都是那么的友善，这是人间大爱的表现。

　　这种力是一种发自人类内心深处并且非常巨大的能量，可以最大限度地让人类发挥到最高境界。

　　亚当斯用自己的所学传授着教会的内容，这些内容是十分闭塞的，也有很多内容让人产生困惑。

　　想要理解神学，对亚当斯来说是非常困难的，而他也十分困惑，自己是否可以掌握，是否可以将这些知识与自己已经掌握的知识结合起来。

　　这一种教育模式对于亚当斯来说，是不可取的，对于任何一个曾经接受过这么多教育的人来说，都是一件非常苦恼的事情。

　　在亚当斯看来，神学几乎没有任何可取的地方，如果强迫让亚当斯承认其中的内容，还不如让亚当斯直接进入教会。这样对亚当斯来说，可能会更好。

　　一切都是在不断地发展与前进，社会也是如此，不断地向前进步。

　　亚当斯和许多人一样，在面对这样的状况时，没有办法得到相应的教育，反而让自己陷入无尽痛苦的深渊。亚当斯陷入了一个宗教怪圈中，无法抽身出来。

　　所以，每一个人都尽可能去让自己摆脱这种状态，亚当斯也不例外。

如果想要摆脱，那么，最常用的也就是两种途径。

一种途径是让自己对这些内容保持一种看不见的态度，不去注意这种东西的存在。另外一个办法，就是让自己可以变成一个全神论的人，这种人是教会极为排斥的。因为，这种状态就相当于一个人失去了自己的信念。

对于亚当斯来说，这是两种非常有效的办法，只要亚当斯愿意，完全可以用这两种方法使自己解脱。

当亚当斯走出这种状态的时候，一定会遇到很多阻碍。这些阻碍对于一些没有经验的人来说，可能会是非常可怕的状态。

但是，亚当斯可以用自己的经验完成这些挑战，这是很可能实现的。这些不会对亚当斯产生任何影响，反而会使亚当斯获得更多的知识，并让他提升自己的逻辑思维能力。

很多人在追求进步的过程中，都会感到十分痛苦。他们在痛苦中承受着各种各样的教育模式，感受到自己的无助。

教师也是如此，他们也在自己的道路中追求着自己的梦想。但是，在追求梦想的过程中，所有人都产生了迷茫，感觉到了自己的无知，不知道应该向何方前进。

在迷茫的过程中，所有的人都开始寻找道路，开始逃避这些问题。亚当斯也是如此，面对这样的状况，亚当斯更多的也是逃避和隐藏。

亚当斯并不在意自己最后的结果，也不关心自己能否彻底让这样的状况消失。但是，亚当斯非常明确地知道，自己不能够留在这里。

这里对于亚当斯来说，确实具有一定的诱惑，可以让他和斯宾诺莎在一起。但是，亚当斯并不愿意为了这些短暂的利益，而让自己处在这种状态之下。

亚当斯不喜欢这种感觉，也只有像亚当斯这样的历史学家，才有兴趣去尝试一下，也只有他们知道，这里面有多少金钱和血液。

亚当斯没有办法让自己留在这里，他的心中有一个信念，他应该离开，这是最正确的选择。但是，亚当斯知道，一旦离开，就要接受新的教育。但是，对于一个已经 65 岁高龄的人来说，这似乎已经没有任何意义。

即使是现在的很多权力机关，几乎也不可能像教会那样，可以让所有的人都拥护自己，并且只有一个非常笃定的信念。

对于教师来说，没有任何能够确定自己的教育内容的工具，也不知道自己的教育模式是否可以形成一定的一致性。

哲学家很少对社会问题表示关注，也不愿意去考虑这些问题。有时候，他们也会对这些事件提出一些自己的观点，但是，那些观点大多都不正确。哲学家对社会发展并没有多大的贡献，只是沉浸在自己的思想中不知如何前进。

所有的这些哲学家似乎只在自己的世界中，探寻一些东西，当没有找到的时候，他们就会认为这些东西不存在。

也就在这个时候，教会对这些内容进行认可，并宣称这种观点的正确性。所有的教育都试图对这种观点进行反抗，一切并非如此顺利。所有的尝试，都被社会用各种方法阻碍着。

此时，亚当斯也开始了自己的思考。但是，亚当斯认为，社会正处于发展阶段，自己所期盼的场景即将出现。亚当斯一直以这种思维模式生活着，也期盼所有的一切会按照自己的目标发展。

就这样，直到 60 多岁，亚当斯还是在等待，但是，他所期望看到的新的社会景象却一直都没有出现。

亚当斯认为，社会中所有的事物都会按照原有的比例进行缩小。但是，对于他的这一观点，有很多人持怀疑的态度，他们并不确信，到了最后，事情是不是可以像亚当斯认为的那样发展。

所以，事情发展到了最后，任何一个人都没有办法确定这种思想是否是正确的。如果长时间这样下去，社会中所追寻的一致性也不知道在哪里。

在这个世界中，所有的一切都按照自己的思想进行活动，社会一直在不停地前进。在这个过程中，有很多人都想停下来，欣赏一下沿途的风光，感受一下不同的景色。但是，事实却不允许这样，所有的一切都没有停下来的可能性。

亚当斯再一次陷入沉思，开始思考关于笛卡儿的一系列哲学书籍，亚当斯并不确定，这些书籍可以对自己产生怎样的影响。但是，亚当斯知道，社会已经接受这些思想，没有人批判他们的观点和看法，而看看无政府主义的前景，似乎并不是十分光明。

亚当斯并不喜欢让自己去面对这些十分悲观的思想，相反，他希望自己可以变得乐观向上。在平时的研究中，亚当斯也尽可能地让自己快乐起来，不愿意让自己沉浸在悲观主义的世界中。

同时，亚当斯也并不愿意去相信任何悲剧，可能只有每一个人的内心，才会流露出真实的悲伤情感。

人类内心的情感逐渐得到认可，人们也越来越希望了解自己的内心。

哈佛商学院开始对这一话题进行研究，英国和法国也不甘落后，都投入了极大的能量对这些思想进行关注。

事实上，不管一个人的地位和知识水平如何，他都非常想了解这个社会的现状，想了解一切是怎么发生的，更想知道自己所做的事情在其中发挥着怎样的作用。

亚当斯一直在按照自己的方法，在不断前进的方向中寻找自己的无知。但是，在这么漫长的岁月中，亚当斯几乎没有获得任何新的认识，也不知道如何进行自我提升和发展。

在亚当斯看来，自己的思想几乎已经断裂了，与当时对数学进行研究的状态是一样的，这种断裂感让他感到非常痛苦。

亚当斯希望自己可以了解一些心理知识，帮助自己唤醒内心的认知。这可能是因为亚当斯内心已经处于一种人格分裂状态，充满了不确定性。

亚当斯已经进入了一个二元体时代，在这里，任何事物都呈现出两种不同的状态，这就是事物发展的主要模式，也是一种社会十分普遍的认知。

亚当斯并不认为这些认知与自己有关，也不认为自己需要对这些认知负责。但是，他知道一种十分普遍的意识观点，一个人无论在何时何地，都能够感觉到一种非常混乱的无知。不管他是谁，都会感觉到自己是非常迷茫和无知的。

不管是否有其他对立的观点，社会就是这种状态，亚当斯仅仅是在对自己的思想进行表达和诠释。他不关心其他任何人的意见，即便是心理学家，也不会让亚当斯的想法产生改变。

亚当斯一直认为自己处在一种非常难以想象的感知之中，就好像自己从行驶的自行车上摔下来一样，是那样的痛苦和难受。

亚当斯也不清楚，自己到底处于怎样的状态，或许自己并不懂太多的东西。

就像一个教授物理的老师，在骑自行车的过程中，由于没有注意路面的状况，而使自己摔倒在地。面对这种状况，既不能说这个物理老师完全不懂物理知识，也无法证明他是多么的博学，或者比普通人懂得的多多少，一切似乎都没有什么定论。

没有一个人知道，这个物理老师在自己前进的过程中，大脑中所思考的内容是什么，也没有人知道他的思想是否向其他方面偏移，或是处于一种心不在焉的状态。

就算不是教师，而是一个技艺高超的杂技演员，也未必可以不让自己在心不在焉的时候摔倒。任何事情都有可能发生，如果你没有全心全意地认真对待一件事情。

经过所有人的不断努力，社会已经取得了巨大的进步，一切都是在朝着好的方向发展和进步。但是，如果不看这些，似乎所有的人都处在一种非常无知的状态。

亚当斯自身并没有感觉到任何的提升和进步，也不知道这个社会发展和前进的方向在哪里，他感觉，一切又陷入了一种极为混沌的状态中。

所有的一切都是在进行非常郑重的思考，任何事物都需要非常谨慎和庄重地对待。但是，很多历史学家似乎有这么一种看法，如果想要纠正历史中的一点错误，就要将这个时期所发生的所有的事情进行纠正和解释。

这就是一个历史界的规定，可能很多人都不赞成这种观点，但是，对于社会的发展，这种观点的存在又有其存在的必然性。因为，如果不这样做，历史本身就会失去严谨性，也就失去了发展的意义。

但是，心理学却可以对历史产生一定的意义。心理学可以从人的内心出发，发掘人内心的潜在意识，从而服务于历史学。这似乎给亚当斯一种启示，亚当斯可以通过那个时代的作品，分析当时作者的心理。

通过这种对作者内心世界的分析，似乎可以很好地了解当时的社会现状，这些社会现状也是历史学所要表达的内容。

亚当斯不需要表明自己对这些观点正误的看法，只要很好地表达自己的认知，就已经足够，没有任何多余的要求。亚当斯从这一点上开始进行研究和认知，希望可以实现自己的梦想，彻底完成自我教育。

亚当斯开始将自己定位成一位教育学家，而不是一位历史学家。这个时候，亚当斯所要总结的就是自己对教育多年的研究和认知，希望通过这些教育认知，帮助更多的孩子实现他们的自我教育。

亚当斯希望可以通过这些知识，真正实现自己的教育伟业。关于亚当斯本人所受到的教育内容，他也希望可以写成一本书籍，这对于他来说，是非常具有意义的一件事情。

» 【亨利·亚当斯的教育启示】

承认自己的无知是一件很难的事情，尤其是孩子，自我认识能力不足，又容易骄傲自大，总以为自己是最完美的。如果总被这样的心态支配，就无法取得大的进步。

所以，父母要帮助孩子看到自己的无知，并且不断地反省自己，减少自己的无知程度，不断鞭策自己进步。

45. 发现自身不足才能完善自我

社会还是在按照原来的状态继续发展，几乎没有发生什么变化。纽约还是原来的样子，华盛顿也还是处于不错的状态。但是，未来的一切却没有任何人可以预料，也不知道会发展成什么样子。

亚当斯几乎用了很长的时间研究这些政治问题。同时，对于总统罗斯福的政治观点，亚当斯也进行了长时间的研究。但是，亚当斯的研究成果，大概要在很长时间之后，才能发挥出作用，对于当时的时代可能没有任何影响和价值。

所有的人都希望可以实现自己的梦想，他们聚集在华盛顿，希望从这里找到自己所想要的一切。在外交中，总统并没有起到很大的作用，更多的是海依在发挥着重要的作用。

在海依的努力下，美国在外交上获得了巨大的成功和收益。可以说，海依已经处于自己事业的绝佳状态，这是非常令人羡慕的。但与此同时，海依也处在自己失落的边缘，这就是物极必反的道理。

海依经过非常大的努力，让中国被迫进行门户开放，这对中国来说虽然是十分屈辱的，但是，却让美国获得了巨大的收益。

但是，所有人都知道，中国不会这样一直让自己忍受屈辱，总有一天，他们会让自己的国门再一次紧闭，这是一种必然的现象。

也就在这个时候，传来了一个非常不幸的消息，朱利安·朋斯福特爵士不幸离开了大家。这对于海依来说是一次非常严重的打击，随后，他的下一位秘书到来了，就是迈克尔·赫伯特。

赫伯特是一个非常优秀的外交人才，他的能力比普通的外交官员要高出许多，有他的帮助，对于海依来说是非常幸运的。

赫伯特很快适应了这里的一切，并且用最快的速度让自己投入到新的工作中。赫伯特的到来，也让海依了解了一种新的外交同盟关系的破裂。海依之前一直认为德国和俄国是盟友，但是，赫伯特的到来引起的两国纷争，彻底让海依明白两个国家之间的关系。

尤其是德国的外交官，他们一向没有任何计划性，做任何事情都给人一种突如其来的感觉，这让所有人都感到十分惊讶。

没过多长时间，原来的德国外交官离开了华盛顿，新来的外交官是斯贝克·冯·斯特恩伯格，也许他会给德国的外交事业带来一些转机。

斯贝克很快就融入了华盛顿的社交圈中，并受到了极大的欢迎。对于海依来说，也即将迎来一个新的挑战。海依需要重新面对一个新到的外交官，并做好自身的各项准备。

亚当斯又开始自己新的学习目标，这一次教育对于亚当斯来说，完全就是一次基础教育。亚当斯一直待在海依身边，看着海依是如何进行外交工作的。

亚当斯看到，所有的国家都在按照一定的方向进行发展。法国似乎已经被海依说服，加入了他的阵营中。德国似乎已经转变了自己的方向，开始实行新的外交策略。

同时，一些其他的国家也在不断转变自己的外交战略，只希望为自己的国家谋求更加合理的国际位置和更多的利益。

德国的行为似乎在向世人告知，德国和俄国并不是盟友关系。

这些变化都给海依的外交战略造成了一定的影响，这是一种极大的挑战。无论是对于海依，还是对于美国，都是一种新的外交景象。

但是，另一个方面，这也让所有的人都可以非常清晰地看到俄国所处的状态，以及俄国政府的一系列行径。

因为德国方向的转变，也让所有人都开始注意这片大陆的状况，所有人都不知道将来会发生什么。但是，亚当斯开始有机会研究德国的政治。亚当斯也知道，德国皇帝的政策是为自己的国家谋利。但是，德国皇帝的行为已经完全打乱了现在的国际社会秩序。

在所有人都还处于十分混乱的状态中时，德国皇帝扭转了自己的方向，来到了大西洋。这样的举动，让很多人都感到吃惊，甚至觉得有些不可思议。

如果德国可以就此安定下来，就可以为世界带来和平，并促进国际争端的解决。德国的行为也减少了海依的工作量，在重新审视这个国际蓝图的情况之下，海依意识到自己的外交对象可能只剩下俄国了，而另一方面，俄国也是海依对外战略的主要目标。

在面对俄国时，所有人都会有一种头疼的感觉，仿佛一个巨大的困难摆在了自己面前。欧洲已经发展了好几百年，让所有人困惑的是，在欧洲的发展过程中，似乎总能看到俄国的身影。

所有的事件都在述说俄国的问题。不管是哪个国家的历史学家，都希望可以对俄国的历史进行研究。但是，这些历史让历史学家感到震惊，让他们不由自主地颤抖起来。

很多人都认为，俄国和德国是盟友关系，它们二者似乎有着割不断的联系。但是，这些似乎已经随着德国政策的改变而发生了改变。

同时，俄国的情况也发生了巨大的转变，俄国的控制能力在逐渐降低。无论是在国内还是在国外，俄国都面临着巨大的困难。

对于这些，所有的人都不应该表示同情。但是，亚当斯并不想看到任何的战争和杀戮，他只能祝愿俄国一切安好，希望世界可以处于和平的状态。

除此之外，亚当斯做不了任何事情。亚当斯曾经对俄国进行了很长时间的研究，也就这个问题进行了很多论述。同时，俄国沙皇和自己的祖父也有一定的交情，这些都让亚当斯不禁产生了怜悯之情。

在 1862 年的时候，就是因为俄国沙皇选择了中立，让美国的外交官避免了许多烦恼，也进一步促进了美国外交的发展。同时，亚当斯曾经游览过俄国的很多城市，本身对俄国就有一种十分特殊的情怀。

亚当斯十分希望可以将俄国也拉入这个集团，这样一来，无论对于哪一方都是有利的事情，也可以省去很多麻烦。

这样就可以对整个世界进行一次十分公平的分配和整合，然后，亚当斯就可以完成自己的规划，完成自己对世界历史的宏伟规划。

俄国就是横在这个计划中的关键一环，所有人都在关注着俄国的动向。无论是俄国的官员还是俄国的外交人员，都已经成为大家关注的焦点。

但是，任何人都不知道未来将会发生什么，无论是俄国官员或是德国皇帝，没有一个人可以明确地预知未来。

从任何一个俄国人的身上，我们都可以很容易地看清他们的动机。同时，俄国在外交上向来没有任何智慧可言，他们不懂得隐藏，几乎很容易让别人摸清他们的目的。

或许就是因为这些原因，海依对俄国产生了一种同情，并试图维护俄国的利益。

因为俄国人在外交上不懂得掩饰，所以他们很容易暴露自己的目的。当他们想要压制中国的时候，甚至想一并压制美国。

但是，俄国人并没有得逞，因为他们的一系列做法早已将自己的目的暴露无遗。俄国的外交手段并没有什么技巧，与俄国人一样，都是那么直接，没有任何隐瞒。

在很多人看来，这就是一种蛮力，一种没有任何思想的蛮力，俄国就是用自己的蛮力去扫除一切挡在自己前方的阻碍。

海依一直按照自己的政策方向制订外交计划，并严格贯彻执行。但是，在面对俄国的政策时，海依的政策似乎失去了其本身的效益，并转向失败的边缘。

俄国似乎一直按照自己的传统进行发展，并不管其他国家的观点和利益。他们按照本国的模式快速进入了中国，并且对中国展开了强制性的占有。这似乎让人感觉到，俄国正在非常霸道地对待自己的邻国。

海依看着俄国的势力不断向中国扩张，他却无法做任何事情。但是，海依知道，俄国没有那么大的能力可以消化掉整个庞大的中国。

海依按照自己的方式描绘着自己的方向，但是，一切似乎都已经进入了俄国的掌握之中，海依也受到了卡西尼的控制。

所有的国家都必须进行忍让，英国不再威武，它们必须为了大局而继续退让。日本也是如此，必须努力在外交上去争取自己的权益和利益。

还有就是美国和德国，这两个国家只能在一旁默默地观望，看着这些利益被瓜分。从这一刻起，海依的门户开放政策几乎是完全失败了。

在这次争斗中，海依输了，没有获得属于自己的利益。德国耍了一点小聪明，非常谨慎地跟在俄国的身后，并获得了一定的利益。

在亚当斯看来，美国这一次外交的失败，只是对海依自身有一定的影响，并没有对国内产生怎样的影响。

这些事情仅是一个阶段的胜利。亚当斯并不喜欢别人给他的生活加上框架，他只喜欢按照自己的想法，在需要有所限制的地方进行限制。

亚当斯只能在这里停留很短的时间，看着这些十分冰冷的世界。俄国在看着其他国家，观察和分析它们的情况。

其他国家包括美国也是在这样的状况下，观察着俄国的一举一动。它们在研究彼此的动向以及未来可能采取的举措，这些都是它们研究的目标和方向，也希望能够通过这些研究从中得出有益于自己国家的政策、方针。

亚当斯或许对这些并没有非常深刻的认知，但是，亚当斯在长时间的研究过程中，也发现了一些规律，并得出了自己的结论。

亚当斯一直在随着时代的变化改变自己的思想，并试图让自己的思想跟上时代的步伐，以此不断前进和发展。他也希望能够通过自己的这些认知和了解，对世界产生新的认知。

在亚当斯看来，吸引力就是推动这些冰川移动的巨大前提，也只有非常巨大的力，才能促使这些庞然大物进行移动和前进。

老师和学生一直在进行研究，他们得出的结论是，不同的人对于事物会存在不同的反应能力，有些人的反应是十分迅速的。但是，有些人却要经过非常长的时间才能够做出反应。

一个民族所产生的品质或者思想，基本上是非常难以消除的。这就像是俄国，俄国人天生拥有非常浓厚的种族思维，这种思维几乎是不可能完全消除的。

假如俄国重新进行建设或者发生了革命，民族本身一代代所遗留下来的东西，也未必会发生变化。这就是一个国家的民族文化，对一个国家、对子民所产生的影响。

在这些历史中，妇女对于一个国家的发展是极为重要的，任何一个国家都离不开妇女，也不会缺少关于性的话题。但是在美国，这方面的内容却很少提及。在英国，人们也不愿意提及这个话题。

但是，在别的国家，已经开始重视妇女，各种妇女运动也层出不穷。这种趋势以后可能会波及俄国，也可能会传至中国等亚洲国家。

亚当斯也逐渐意识到，政治的目光已经发生转移，并不是还停留在以前的银行或者议员身上。现在很多的焦点，已经转移到妇女身上，妇女的地位也开始受到人们的关注，一切都在发生变化。

很多人开始意识到性别的差异，亚当斯并不愿意在女人面前表现自己，他知道每一个女人在自己的头脑中，都会有很强的潜意识。而且每一个女人的反应能力都非常快，尤其是面对突如其来的情况时，女人所表现出来的状态要远远优于男人。

就比如，如果一个人试图去问周围的女人，问她们为什么美国的女人没有一个人可以走向真正的成功。她们会毫不犹豫地看着他，并告诉他，因为美国男人没有成功，作为女人又怎么可能成功呢？

这些女人不是在开玩笑，她们也不觉得自己的回答有多可笑，她们只是在直率地表达自己的观点。

对于妇女，亚当斯一直非常内疚。因为在亚当斯看来，他从来没有对女人进行过任何关注以及赞美。他认为自己有必要为这些妇女起义，并帮助她们获得自己的价值。亚当斯并不觉得自己需要为男性做任何事情，因为没有任何必要。

在 1903 年，亚当斯准备前往欧洲，也就是在这个时候，他接到自己弟妹的电报，说他们要来这里和亚当斯告别。同时，一同前来的还有洛奇夫人以及罗斯福夫人，还有他们的丈夫以及迈克尔·赫伯特。

在席间，亚当斯看到自己的朋友全都过来了，十分开心。面对这些朋友，亚当斯不再那么保守，他开始对这些非常美丽的夫人们进行赞美。

亚当斯对罗斯福夫人说，如果罗斯福夫人可以去竞选总统，那么，罗斯福先生可以直接回家了。因为，他绝对不会有任何机会可以赢过她。

　　同时，亚当斯还称赞洛奇夫人，说她可以去代替洛奇先生充当议员，这个职务她绝对可以胜任，并且可以取得非常大的成就。

　　而如果赫伯特夫人愿意的话，她完全可以成为非常优秀的外交官。因为她是非常优秀的女性，绝对有这样的能力去完成这些事情。

　　所有人都同意，这些女人都是非常优秀的女人，而她们的丈夫也是一些顶级优秀的人物。在他们所在的领域中，几乎不可能找出比他们更优秀的人。

　　这些女人的确非常聪明，她们用自己的能力去维系整个家庭。但是，随着孩子的不断长大，家也失去了原有的模样，没有了生机和活力。换句话说，他们的家庭已经没有了人气。

　　于是，她们的时间也基本上都消耗在戏院以及商店中，被她们用作了消遣。但是，她们并没有找到一个地方，能欣赏她们的美。她们需要释放，也需要别人的赞美。

　　作为母亲，妇女养育孩子的工作一般会做到40岁。等过了这个年龄，她们的职责也就完成了，就会再次被社会所抛弃。

　　美国社会虽然已经经历了这么长的历史，可是，妇女却一直没有找到自己的位置。可能只有华盛顿，才会有一些她们可以做的事情。但是，很多情况下，男人都会对她们的行为或者工作表示反感。

　　尤其是在很多谈话中，作为妇女，甚至根本没有说话的资格。但是，不可否认的是，或许她们的话语比任何一位议员或者政府高官都更具有价值和意义，只是在社会上缺少聆听者。而在另一方面，社会却在不断凸显男人的重要性。

　　亚当斯考虑这些问题是因为，他在研究社会发展的过程时发现，一个民族的文化情怀以及性别状况，都会对一个国家产生极其重要的影响。

　　亚当斯曾经看到很多巨大的变化，看见过俄国的王子将一个国家变成不可思议的财富宝库。亚当斯想知道，这是怎么办到的，也非常想知道这件事情的过程。

亚当斯看到了人类社会的不断前进和发展，也看到了由于科技的迅速发展，经济也在飞速发展。

但是，另一方面，亚当斯了解到，在美国社会的不断发展下，美国的妇女却成为发展中的一种被浪费的资源。妇女仅仅让自己陷在家庭生活中，纯粹是浪费自己的能量，也可以说是变相阻碍了社会的发展和前进。

可能在其他国家，妇女在权益方面的斗争还不是那么明显。尤其是在俄国，可能因为是国家本身的原因，或是民族文化的不同，还没有出现这样的情况。但是，在美国这种情况已经演变成一种非常突出的矛盾。

如果你有时间，只要你在美国的大街上闲逛一段时间，你就会发现美国的妇女已经得到了十分彻底的解放。在这里，妇女已经开始发挥自己的社会价值，并且获得了自己的社会地位。

你会发现，这里所有的妇女都可以进行自己想从事的工作。你可以看见电话女职员或者报社女记者，或者是一位非常漂亮的女公关或者女性政府工作者。

如果是在 19 世纪，可能这些事情都是无法想象的。但是现在，这些都是十分正常的事情，并且非常自然地呈现在你的眼前。

所有的一切都代表着美国在进步，很多人甚至认为，在不久的将来，在美国的社会中，很有可能出现小学女校长。

这一切都是美国的女性所展现出来的状态，她们身上似乎具有一种十分巨大的诱惑力。这并不是指人类最原始的那种诱惑力，而是一种在工作中所表现出来的热忱和专注。

每一个妇女似乎都和男人一样，紧紧跟随时代发展的步伐，寻找自己的方向，让自己可以为社会的发展贡献一份力量。

男人也是一样，他们沉浸在自己的工作和喜好中，不再束缚妻子，让妻子去追寻她想要的一切。这也成为了他们的生活追求，每一个人都在寻找自己的路，

虽然社会在进步，女性的权益被逐渐得到承认，但是在很多情况下，

妇女的情况并没有发生根本性的变化。由于妇女自身能量的不足导致她们得不到更好的发展，前途也因此受到阻碍。

这一直是困扰妇女的问题。虽然，女性可以在工作中获得一席之地，但是，由于能力有限，她们在就业中经常遭到歧视。

所以，在这么长的时间里，妇女基本上都是围绕着自己的家庭而工作，很少有人会冲出自己的家庭范围，到外界去寻找新的工作，即使那些工作比家庭工作更具有意义。

如果妇女想要冲破自己现在所处的环境，就必须选择新的立足点，这就需要她们努力寻找。当她们寻找到之后，就必须牺牲自己的家庭，这就是为了工作所必须付出的代价。

但是，现在的女性已经很好地解决了这个问题，并且越来越多地走向了外出工作的道路。她们会获得自己想要的一切，当然，这也需要她们更加努力奋斗。

很多女性都开始为自己的生活努力，从数千年以前，这种努力就已经开始了。女性做出自我牺牲，为的是其他人的成功和发展，这是一种非常伟大的行为。

对于以前的女性来说，幻想是生活中必不可少的因素。她们没有办法得到自己想要的一切，只好利用想象获得暂时的满足和安慰。

对于现在的美国女性来说，她们根本不需要进行幻想，所有的一切都可以实现。所有的人都有资本去追求自己想要的一切，只要她们愿意。她们不需要跟随在男性的后面，她们可以有自己的生活和追求。

对于男性，他们有时候会发现，自己在社会中并没有得到很好的重视，自己本身发挥的作用也没有想象的那么巨大。有时候，女性也会发现，自己仅仅是一种性工具，为了满足男人的欲望而存在。

可能不会有任何一位历史学家愿意让自己成为研究对象，这是绝对不可能的。对于所有女性来说，她们都不愿意自己仅仅是一个性欲工具，她们需要有自己的工作，一份真正意义上的工作。

没有任何理由支持这种强迫妇女的做法，就算是这样做有可能会使人类没有办法繁衍下去，也不能强迫女性去做一些自己不愿意做的事情。

不管是谁，都没有这样的权力，包括总统在内，任何人都不能强迫一个人去干自己不愿意干的事情。这样做没有任何人性可言，也不利于社会整体的发展和进步。

没有任何法律文件规定，女性就应该为这个社会的繁衍做出贡献。同时，就算是因为社会发展的原因，也不能强迫任何一个女性做她不愿意做的工作。法律也不可能要求女性必须生多少个孩子，更不可能要求女性必须在什么年龄段生孩子。

这是没有任何意义的，难道女性会因为不在规定的年龄段生孩子就要被判刑吗？如果一个国家的刑罚可以被这样滥用，那么，这个国家的法律就会处于十分混乱的状态。

虽然新生儿的出生率的确对一个国家的未来发展产生着决定性的作用，但是，这一切又不是绝对的。女性的未来应该由她们自己进行决定，任何人都没有权力替她们进行决断。

社会在不断发展和前进，任何人都可以按照自己的意愿行动，不需要受到别人的干扰。在未来的社会中，女性一定会找到属于自己的天地，并且在那里获得自己想要的东西。

那个时候，妇女就不再受到这么多限制和磨难，她们可以按照自己的意愿在自由的社会中不断前行和发展。任何人都没有办法阻拦，这是历史发展的必然趋势。

» 【亨利·亚当斯的教育启示】

父母要让孩子虚心接受别人的批评和建议，看到自己在思想、能力、水平等方面的不足，在以后的生活和学习中才能做到扬长避短，发挥自己最大的潜能，获得更大的发展空间。

在孩子看到了自己的不足后，父母还要帮助孩子找准不足存在的原因，对症下药，使孩子远离不足的困扰，不断完善自我。

46. 科学对孩子的人生是非常重要的

　　亚当斯在知识的海洋中不断前行，这个过程中，他了解了很多知识。但是，在与人类未来发展相关的知识方面，亚当斯还仅仅只是对性别以及对种族有所认识。即便如此，已经可以对社会的发展有一些帮助了。

　　就在这个时候，拉菲尔·庞培出现在了亚当斯的生活中。拉菲尔将沃尔柯特·吉布斯的一些观点告诉了亚当斯，并且还说道，卡尔·皮尔森写了一本名为《科学的语法》的书，沃尔柯特认为，这本书给了他很大的启发。

　　《科学的语法》是一本非常优秀的书籍，在社会上也具有一定的影响力。

　　亚当斯对这本书非常感兴趣，因为在他看来，沃尔柯特是一位非常了不起的人物，他称赞的书，一定是非常棒的。亚当斯想要看看这本书籍，也想知道这本书的精髓在哪里，可以让大师级别的人都能从中得到启发。

　　想到这些，亚当斯找到了这本书，并认真地进行阅读。亚当斯十分好奇，想知道到底是什么内容让沃尔科特都可以称赞。

　　此时，亚当斯再次因为数学问题，陷入了另一个谜团之中。法国或者德国的工艺都十分细致，让很多人都为之赞叹。他们的思想也是如此，这本书自然也不例外。

　　沃尔柯特对这本书给予很高的评价。亚当斯不明白，这本书对于沃尔柯特的意义在何处，但是，这本书所拥有的巨大的科学意义是毋庸置疑的。

　　这或许是英国人的一次伟大尝试，也让所有人都为之惊叹，具有十分巨大的影响力。对于一个历史学出身的学生来说，可能一个国家的历史变迁应该更具影响力。但是，事实并非如此，科学的发展更胜一筹。

没过多长时间，兰利出了一份新的报告，这个报告将很多内容都包含了进去。其中，有好多是一些非常有学术性的论文。这些论文中包括居里以及伦琴的论文，还有威廉·库鲁克斯的演讲。

这些内容都十分优秀，并且十分具有影响力。但是，相较于卡尔·皮尔森的科学语法则有一些落后，这些内容与卡尔的相比，并没有什么新奇的地方。

对于一位学者来说，他知道任何话语都不要太过认真，任何思想也不要去过分追究，这样做本身就没有任何意义。

在英国，出现过很多十分优秀的科学家，有牛顿以及培根。英国也是一个十分爱思考的国家，善于从一些十分空洞的东西中发现新的未知的内容。

对于历史学家来说，并不愿意去进行这些没有任何意义的尝试，历史学家只是在看这个时代的发展方向，寻找这个社会前进的动力。

任何一种科学的发展都是在不断探索的过程中进行的，每一个人都是在摸索着进行自己的尝试。即使是黑格尔，也是在对自己的否定中不断地前进和发展。

英国的思想在卡尔·皮尔森的带领下取得了巨大的提升，对于英国来说，这种思想无疑促进了其本身的发展。德国的思想也是在不断地前进和发展，甚至有些抽象和无法理解。

对于很多外国人来说，德国思想家的思想是最难以理解和认知的。所以，亚当斯来到了德国，希望可以对德国的著作进行一下研读。

亚当斯希望，自己可以对德国的学术水平有一个清醒的认识，能从中得到一些启示。在图书馆，亚当斯找到很多德国大师的著作，包括恩斯特·赫克尔以及许多其他作者的书籍。

恩斯特·赫克尔的书籍在这些书籍之中是属于比较好读的一种。

这可能是因为赫克尔有着丰富的知识底蕴，并且了解大众的阅读水平。他可以将一些非常专业的知识，用最朴实的语言表达出来，让所有人都能够明白，这是一种非常了不起的能力。

赫克尔曾经出版过一本阐释自己的观点和信念的书籍，这本书籍写得非常不错。其中一节稍微与历史有点关系，赫克尔用自己的方式表达了自己的看法。

亚当斯仅仅是一位历史学家，根本没有任何必要去了解这些思想，这些对于亚当斯来说没有任何价值和意义，他只需要了解社会发展的现状以及历史发展过程，然后再展望未来社会的前进方向。

马赫也有关于这类的思想，但是，马赫的思想并没有十分突出的个人特色，而且也没有产生任何影响和价值。

但是，对于卡尔·皮尔森的看法，几乎每一个人都同意这种观点，所有人都认同，应该把这个世界当作未知事物去探寻。

随后，亚当斯来到了法国，并在这里做了短暂的停留。亚当斯喜欢法国，法国给他一种井然有序的感觉，没有一丝的慌乱。

在这里，亚当斯也希望自己可以获得新的知识，他开始寻找自己学习的目标。很快，他将目光锁定在蓬加莱先生的《科学与假说》上，蓬加莱先生是法国非常著名的科学家，在法国非常有影响力。

看到这本书，在了解了这本书的内容之后，亚当斯将其买下，并认为自己可以读懂这本书的内容。

随后，亚当斯很认真地开始阅读，并希望自己可以从中获取一些有益的知识。但是，结果却十分令人失望，亚当斯并不懂这些内容，而且无法看懂任何一句话。

这让亚当斯十分难过，他从来都不知道，自己已经无知到了这种地步。事实上，通过阅读这本书，亚当斯也发现，蓬加莱先生同样对历史知识存在不解之处。

每一个人都有自己非常擅长和头疼的事情，对于一位数学家来说，他非常喜欢去研究数字的排列以及位移的问题。但是，你要是让一位历史学家去看这些内容，将是一件十分痛苦的事情。

对于一些历史知识，或许也会让蓬加莱先生十分苦恼和难受，他甚至可能不愿意去想这些事情。

亚当斯一直在问自己，自己到底了解什么。但是，苦思冥想之后，亚当斯发现，并没有什么知识是自己非常了解的。亚当斯只能在大脑中对自己了解的知识进行思考，却没有任何办法进行实践操作。

亚当斯是谦虚的，他愿意相信所有人所说出的话语。亚当斯并不认为自己有多么博学，相反，他认为自己非常无知和愚昧。

在很多问题上，亚当斯都认为自己是无知的，比如种族以及性的问题，或是其他关于力的问题。对于这些知识，亚当斯只是通过书籍了解了一些皮毛，并没有进行过深入的研究，更不可能在这些方面有什么成就。

在亚当斯看来，他并不需要去了解任何东西，他所要做的就是让自己变得无知。这就是历史的要求所在，历史仅仅就是记录事件的发生。就好像是镭，历史只要将镭所出现的时间记下来就可以了，不需要再做其他任何事情。

社会对历史学家的要求并不高，最高的要求就是要求他们讲诚信，对历史进行真实的记录，这也是对历史学家提出的最基本的要求。

一切都在不断地进行和发展，不会因为任何人而停止。进入 20 世纪，一切都在发展和进步，孩子也将会在新世纪中接受自己的教育。亚当斯一直在思考，应该让新世纪的孩子接受怎样的教育，虽然目前他也不知道答案，但他一直没有放弃思考。

亚当斯走到一片广阔的大地上，这里存在着一种秩序感，在亚当斯看来，这仅仅是一种非常偶然的状态。在这样的情况之后，社会会进入一种非常混乱、没有任何秩序的状态。

亚当斯作为一名历史学家，已经做完了自己应该做的一切。亚当斯的教育也已经结束，亚当斯不知道自己为什么要开展这样的教育，对于亚当斯来说几乎没有任何意义。

亚当斯比较喜欢 19 世纪的教育，他认为那是一种很好的教育方式。对于现在的社会，亚当斯根本就不知道自己的社会责任，也不清楚终点和起点。

作为一个研究历史的人，亚当斯认为，自己应该有能力去担起这样的责任。对于任何人，亚当斯都表现出了尊敬。在亚当斯的人生中，势必要对某些强有力的势力低头。这是一种必然的状态，无论是在未来，还是在现在的情况下。

经过长时间的努力，亚当斯才发现自己的思想已经处于一种非常混沌的状态。亚当斯不禁问自己，思想的获得真的可以让自己感到满足吗？这是非常愚钝的。

直到新世纪到来，也就是 1900 年的时候，一种新的能量向人类袭来。在亚当斯看来，只有新的力量才是可以操纵的能量。如果真是这种情况，事情就不可能有任何发展的状况，人类也不可能获得任何新的物体。

» 【亨利·亚当斯的教育启示】

科学知识反映了整个人类在认识、改造自然及完善自我时的认识，学习科学知识，能促进个人的发展和社会的进步。

让孩子掌握科学知识，对孩子的人生非常重要。除了要接受学校的科学知识教育外，父母也要从日常事物着手，帮助孩子发现科学的真谛。

47. 给孩子的教育注入新鲜血液

亚当斯很快来到了巴黎，除了因为巴黎是一个十分美妙的地方外，也因为除了这里，亚当斯无处可去。

亚当斯又开始重新研究政治，他对当时的政治情况也十分了解，所做出的判断也十分准确。只是在当时，亚当斯并没有感觉到自己的这种敏锐。

亚当斯觉得，自己还是那样的无知，没有任何进步。跟所有的政治家一样无知，掌握不了任何准确的信息。

亚当斯又一次进入到了一种无知的状态，虽然他已经有了非常丰富的经验，但是，还是没有任何能力可以对政治上的事情妄加判断。

即使是外交家，也不知道应该如何处理政治事件。他们也希望得到一些路人的意见和建议，想从他们那里获得一些启发。但是，这些外交人员的想法却不能向外界透露，因为他们是官方人员，任何行为都要受到政府的约束。

亚当斯不知道，俄国的沙皇是不是真的明白现在的外交状况，或者他根本不知情。亚当斯不知道应该如何对现在的俄国进行判断。

很快，亚当斯选择了离开，不再让自己停留在巴黎。亚当斯回到了华盛顿，这里给亚当斯带来的感受让他十分惊讶。

亚当斯回到了美国，感受到了一种完全不同的国家状态。现在的美国已经不再是原来的美国，而是成为了非常强大的国家。面对一切问题，美国都拥有自己的发言权，并且可以以大国的姿态屹立于世界之巅。

国际上的外交形势已经发生了巨大变化，在外交中，沉默是没有任何作用的。在沉默之中，不可能取得非常好的外交成就，外交根本就不能在沉默中进行。

美国人非常明白自己现在所处的状态，也知道俄国或者日本所处的国际地位。亚当斯开始意识到，自己是一个十分中立的人，并不愿意让任何一方处在非常不利的状态。

在回到华盛顿之后，亚当斯暂时替代了弟弟的职位，完成一些大的接待任务。在这些任务中，亚当斯要和一些非常重要的领导人一起用餐。

在一次用餐时，亚当斯陪罗斯福总统用餐。罗斯福总统是一个非常直率的人，平时也喜欢不断说话。即使在餐桌上，罗斯福也会向所有人直截了当地表明自己的观点。

事实上，罗斯福的这个习惯在政界早已广为人知，只是奇怪的是，在那次用餐时，一同用餐的人并不了解罗斯福的这一习惯。

罗斯福总统在吃饭的过程中，大谈特谈自己对各国人的看法，从俄国人谈到英国人，又谈到日本人。后来，他又谈论了许多其他的人物。

后来，罗斯福又对所有人说，世界即将爆发一场战争，尽管这场战争在他看来完全没有任何必要。

紧接着，罗斯福又提出，他有办法解决这场争端，让世界获得长时间的和平。他认为，这也是世界赋予他的责任。

在说完这些之后，罗斯福总统可能意识到，自己不应该在这种场合发表如此自负的言论，于是，他停止了讲话。

罗斯福的这种做法是正确的，因为任何事情都不可能说得过分肯定。对于他的意见，他的下一任未必会进行下去，而一般听众也不会很关注。

日本变得越来越强大，攻击能力也在变强，这种能力是不能被大家所忽视的。日本所采用的方法，就是一开始俄国奉行的几何学方法。

但是，在亚当斯看来，也只有俄国可以很好地完成这种方法的演练，其他任何一个国家都做不到。

任何人都不会希望战争的爆发，包括亚当斯。但是，它却可以给海依带来执政期间的最后一次胜利。

海依一直在为外交事业努力奋斗着，并且用自己十分优秀的外交技能与世界各国进行斡旋，也取得了很多成绩。

对于海依来说，现在的国际形势是一种非常不错的状态，他不需要做任何事情。他可以做的也只有等待，而日本和英国无意识的行为也让海依最终获得了利益。

因为，正是由于它们的帮助，海依挽救了在中国所进行的"门户开放"的策略，对海依来说，是非常振奋人心的消息。

面对这样的结果，为了使自己可以获得更大的利益，海依可以做的事情只有斡旋。海依也希望自己可以完成这些事情，为自己的国家争取更大的利益。

海依知道，必然会进行谈判，而自己就是这场谈判最好的中间人。但是，随着时间的流逝，海依的影响力也在慢慢减弱，这是不能忽视的现实情况。

总统希望海依可以在圣路易进行一场演讲，以提高海依的声望。但是，海依并不愿意，并埋怨总统的这个决定。亚当斯受到海依夫人的邀约，希望可以和海依一起前往。

在亚当斯看来，在这一次的旅行中，自己说不定还可以受到一份意想不到的教育。所以，亚当斯很快接受了海依夫人的邀请，陪同海依一起前往圣路易。

到了圣路易，亚当斯发现，这里的一切都发生了变化，不再是原有的模样。亚当斯之前来这里的时候，是在 10 年前。他没有想到，10 年之后的这里，简直发生了翻天覆地的变化。

这里的农庄已经被高速发展的工业所取代，到处都是蒸汽机以及其他先进的机器。但是，对于亚当斯来说，他并不愿意看到这种情况。

圣路易原来非常整洁，现在到处都是破烂不堪的各种废铁以及各种工业垃圾，生活环境变得十分恶劣，令人不堪入目。

　　这里的一切都受到了严重的污染，一切都变得非常肮脏。亚当斯希望国务卿可以来到这里，看看这里现在所发生的变化，询问具体的情况，并且可以制定相应的政策。

　　这就是亚当斯的所见所闻，亚当斯在这里已经看不到水牛，也看不到萧尼族。这样的美国，并不是大家想要看见的美国。

　　所有人都来到了圣路易，希望可以在这里观看这一次博览会。圣路易在美国仅仅是一个三线城市，没有任何的艺术以及思想文化氛围。但是，它却敢于向难度挑战，也敢于做这些一线城市都不敢轻易做的事情。

　　这个城市并不是一个非常发达的城市，可是，为了这一次博览会，竟然可以非常豪放地扔出好几千万美金。这样的行为，让所有人都感到惊讶。对于这个城市来说，即使带来的光芒是短暂的，它们也愿意为此一试。

　　在这个城市，亚当斯并没有发现十分优秀的教育内容。他看到的是大量的资源浪费和人力、物力的混乱使用。亚当斯开始想，这种浪费是因为新的美国社会所产生的，还是一种美国旧社会中所遗留下来的生活态度呢？

　　但是，另一个方面，这次博览会也可能会给这个城市带来不一样的机会，让这个城市可以飞速地发展。

　　社会已经进入了 20 世纪，在这里每一个人都十分清楚自己想要的一切，并且尽自己最大的努力去实现这个目标，也让自己尽可能地学习。

　　博览会进行之后，并没有出现人们预期的那种状况，所有的一切都让人感到惊讶，一切都是虚无的。

　　博览会之后，所有的事情似乎都陷入了沉默，也没有发生任何事情。博览会结束后，更多的人恢复到了清醒的状态。

　　他们回到了华盛顿后，亚当斯准备再次动身前往欧洲。在亚当斯去欧洲之前，他去了一次白宫，希望可以劝总统夫人去看博览会。后来，亚当斯才知道，原来自己已经是最后一个邀请总统夫人去看博览会的人了。

亚当斯离开了圣路易，来到了古东斯镇。这里有一个博物馆，拥有非常悠久的历史。亚当斯来到这个博物馆，希望可以从这里得到一些启示。

　　这也让亚当斯再一次想起了圣路易的那次博览会，一切似乎都被冠上对金钱的欲望，每一个人都在用金钱衡量事物的价值。

　　亚当斯感到整个世界似乎陷入了迷茫之中，这种情况迫使亚当斯买了一辆汽车。亚当斯虽然知道自己应该有一辆汽车，但是，亚当斯反而认为这是自己最错误的决定。

» 【亨利·亚当斯的教育启示】

　　学习是永恒的话题，不断为孩子的教育输入新鲜血液，也是时代对父母的要求。只有保证不断接触到新的教育，孩子才能抓住机遇，做出一番成就。

　　在孩子接受教育的过程中，父母要让孩子坚持充实自己，并且将新的知识应用到社会实践，并将其转化为自己内在的智慧。

48. 学习历史，有助于孩子理解现在的生活

对于很多人来说，他们都认为力就是一切的开始，他们会容许这种力的存在，并让这种力成为社会发展的原动力。同时，这种力在很多学科中也可以称为功，这是一种有利于社会发展的力。

基本上每一个社会上的物体都有自己的力，从这里可以看出，太阳有自己的力，其他物体也有自己的力。

基本上每一个人都有自己的认知，会表达自己的观点。物理学者也告知人类动态永恒定律。在自然之中，人类也可以利用各种办法去寻找或者利用自然之力。

对于人类来说，每一个人在成长的过程中，都要受到各种力的制约，从而促进人类的成长和发展。在教育的过程中，正因为力对人体各个器官产生了作用，才产生了真正的教育。

人类的教育是十分迅速的，在很久之前，人类已经形成了一定的教育模式。人类要不断前进和认知，就必须进行教育，也会用自己的方式记录每一天所发生的状况。

在人类发展的过程中，这种影响能力不断扩大，并最终促进自身的不断进步和发展。整个人类发展史，就是承受各种外力的不同作用的历史。

每一个外在的事物，都会促进人类的发展，这种反向的刺激，反而激励了人类很多能力的迸发。直到现在，人类已经获得了很长时间的发展，但对这种促进社会发展的力仍然没有一个统一的认定，力还是被称作力，并没有其他新的名字。

很长时间过去了，人类认为自己已经到了一种非常完美的状态，

也不再为自己的社会增加任何新的知识。

这是一种非常消极的态度，没有任何人愿意去探索未来会发生什么事情，所有人都在享受现在的一切，也只有历史学家愿意尝试，并预测未来社会将会变成怎样的一种状态并研究社会历史进程所发展的方向。

从整个世界来看，西方世界的发展要相对优越。但是，西方世界很久都处于停滞的状态，没有任何前进和发展的动力。

公元 305 年，罗马帝国曾经辉煌一时，并统一了整个欧洲。那个时候的欧洲处于一种非常和谐的状态，并没有像现在这么多的问题存在。

再看看现在的欧洲，几乎到处都隐藏着危机和问题，需要每一个人用心去解决这些地区的事务争端。

» 【亨利·亚当斯的教育启示】

学习历史对于孩子来说有很强的现实意义。读史使人明智，可以提高孩子的文化素养和知识底蕴，还能增加智慧。

通过历史，孩子可以学会如何为人处世，对于现实的生活也能有更深刻的理解，这样就可以用来指导孩子的生活和学习。

49. 刺激孩子，时刻活跃思想

对于社会上流传的那些权威思想或者论点，亚当斯从来不进行反驳，也不愿对此阐述自己的观点。同时，他也不愿意进行任何知识的传播。

在亚当斯看来，自己本身的知识水平非常有限，根本就没有任何能力去获取更多的知识，更不用说将这些知识发扬光大了。

如果亚当斯有能力传播各种知识的话，他一定会感觉到自己的伟大，并且也愿意将自己的知识与其他人分享。在他看来，19世纪的美国人同样是十分优秀的，并不比20世纪的美国人差。

现在的亚当斯，不想将自己放在老师的身份上，也不愿意对任何人进行教育。亚当斯现在只想让自己做一名学生，认真地听取所有人的知识，并将这些知识转变成自己的知识。

在亚当斯看来，现在的一切与之前的一切并没有多么明显的不同。现在的人和以前的人一样，都对世界没有太多的了解，也没有对社会的各种状态进行研究。人类还是跟以前一样，一样的无知。

现在的亚当斯，仍在进行学习，并在接受所有人对他的教育，任何人都不愿去打扰亚当斯，亚当斯自己更不愿意去改变这种状态。

但是，历史上真实地记录着，19世纪的美国人希望用他们的观点去教育现在的美国人。

不得不说，这种行为是非常荒谬的，并且让所有人都感觉到很可笑，因为这完全是处在两种状态的美国人。

19世纪的美国人根本没有能力教育下一代的美国人，如果真的要对下一代美国人进行教育，这只能说太没有自知自明了。

现在的老师在对孩子进行教育时，只要保持一颗平常心就可以了。老师只要保持自己的智慧，用自己的方式保持每一个孩子的平衡，就可以很明确地知道教育孩子的方法。

除了教师对孩子所进行的教育外，还有很多可以成为教育的内容，包括力等，其中很多内容都非常值得人类学习。教师要做的就是等待，等待结果的出现，在这之后，就可以对孩子的反应做出总结，并分析其中的利弊。

人类已经进入了一个新的发展状态。在人类发展的几千年的时间中，思想已经给人类极大的教育，并且给予了人们很多知识。利用这些知识，人类已经获得了巨大的进步。

思想是人类发展的源泉，是促进人类发展的动力。所有的只能归结为一句话，就是思想是跳跃的原动力。

» 【亨利·亚当斯的教育启示】

思想的高度决定着孩子一生的发展，不管做什么事情，都要依赖大脑中的思想，然后才能做成事。如果思想僵化，做事也很难成功。

思想是通过后天的知识和经验的积累形成的，要想让孩子拥有活跃的思维，父母要从小让孩子学会独立思考，使孩子养成爱动脑的习惯，同时教授孩子一些思维技巧。只有这样，才能让孩子的思维更活跃。

50. 给孩子最现代的教育

在 1904 年，亚当斯回到了纽约。在这里，他遇见了莫特雷，他们已经很久没有见面了。时光已经走过了 40 年，美国转眼已经进入了现在的新世纪。亚当斯意识到了美国的不断前进和发展，看到美国正在为成为一个更加强盛的国家而努力。

亚当斯知道，现在自己的年龄已经非常老了，比父亲在 1868 年的时候还要再大一些。亚当斯回头再看自己走过的道路，所有发生的一切都让他感到惊讶。

现代城市的发展越来越迅速，一切都让人感到惊奇。然而，亚当斯却对现在的城市感觉到非常陌生，虽然城市的变化让所有的人都感到震惊。

现在的亚当斯并没有任何事情可做，他只能在华盛顿的街头闲逛。亚当斯希望能够看到一个结果，因为现在的华盛顿正在同托拉斯集团进行斗争。亚当斯希望可以看到这个斗争最后的赢家，也想知道两者斗争的过程。

在现在的美国，整个社会都处在混乱之中。在这个过程中，亚当斯并没有发表过多的意见和建议，在更多的时候，他只是选择沉默。

亚当斯知道，自己现在不应该发表任何言论，也不应该有任何的情绪反应。但是，亚当斯内心的好奇却激发了所有的能量，他非常想知道事情发展的状况。

关于现在进行斗争的两个对象，亚当斯都非常了解，从亚当斯来到这个世界开始，就已经对这些人有了很深的了解。

但是，在这件事情中，任何一方都没有运用自己的社会关系。如果亚当斯是一名非常公正的法官，他会以自己非常专业的标准进行评判。

然而，亚当斯的内心一向非常关爱弱者，并愿意将自己的同情心给较弱的一方。亚当斯希望可以给新人更多的机会，也希望可以帮助他们成长和发展。

如果是这样，亚当斯会认为，自己之前的教育全都是在浪费时间。社会上的一切都非常让人痛心，然而，亚当斯可以做的只有沉默。

亚当斯来到了朋友海依这里，知道现在的海依应该停止自己的工作了。海依的夫人以及家人都抱有同样的想法，而且他们已经做好打算，想和海依一起前往欧洲。

此时，海依已经没有反抗的能力了，他现在可以做的，就是接受这样的安排。海依确实应该退休了，他的身体已经没有办法再支撑下去了。亚当斯也开始劝导海依，希望海依可以完全放下自己的工作，做一个轻松的人。

在海依卸任没过多长时间，他就离开了这个世界，这让亚当斯非常难过，连最后的朋友都离开了他。

在亚当斯的至交中，海依走了，金也走了，只剩下亚当斯孤独地留在这个世界上。亚当斯的内心无比伤痛，已经不知道应该如何发泄内心的情感。所有的一切都让亚当斯感到痛苦。

这一生的教育，对于亚当斯的朋友们来说，已经彻底结束了。或许，他们可以再次相遇，在另一个新的地方，他们可以再次聚在一起，进行新的教育。

或许，只有在那里，他们才能够开展纯粹的教育，没有任何纷争和掠夺。那里的一切都是那么纯净，可以寻找到真实的教育。

》【亨利·亚当斯的教育启示】

时代不同，教育方法也要发生变化，父母要给孩子最具时代特点的教育，不因自己的教育理论和观念的落后影响孩子的成长和发展。

这就要求父母要时刻关注时代形势，对教育观念、教育内容、教育方法、教育环境等方面的知识及时更新，找到最适合孩子的教育方法，给孩子最好的教育。

图书在版编目(CIP)数据

亨利·亚当斯的教育 ／（美）亚当斯著 ；成墨初,张灿编译.
-武汉：武汉大学出版社，2014.11（2022.3重印）
ISBN 978-7-307-12682-4

Ⅰ.亨… Ⅱ.①亚… ②成… ③张… Ⅲ.家庭教育
Ⅳ.G78

中国版本图书馆CIP数据核字(2014)第004381号

责任编辑：陈 岱　　责任校对：刘延娇　　版式设计：文豪设计

出版发行：武汉大学出版社 　 （430072　武昌　珞珈山）
　　　　　（电子邮箱：cbs22@whu.edu.cn 网址：www.wdp.com.cn）
印刷：北京一鑫印务有限责任公司
开本：787×1092　1/16　　印张：14.5　　　字数：210千字
版次：2014年11月第1版　　2022年3月第3次印刷
ISBN 978-7-307-12682-4　　定价：45.80元